微信、微博、App、二维码……

方法、案例、实战，从入门到精通的互联网营销推广实战秘籍！

中恒国际管理咨询机构推荐阅读

一本书读懂互联网营销推广

Internet Marketing

康路晨◎著

民主与建设出版社

图书在版编目（CIP）数据

一本书读懂互联网营销推广 / 康路晨著. — 北京：
民主与建设出版社，2015.1（2018.9重印）
ISBN 978-7-5139-0565-7

Ⅰ.①一… Ⅱ.①康… Ⅲ.①网络营销 Ⅳ.①F713.36

中国版本图书馆CIP数据核字（2015）第016430号

出 版 人：许久文
责任编辑：李保华
整体设计：久品轩
出版发行：民主与建设出版社有限责任公司
电　　话：(010)59419778　59417745
社　　址：北京市朝阳区阜通东大街融科望京中心B座601室
邮　　编：100102
印　　刷：固安县保利达印务有限公司
版　　次：2015年4月第1版　2018年9月第7次印刷
开　　本：16
印　　张：16.25
书　　号：ISBN 978-7-5139-0565-7
定　　价：39.80元

前言

我们知道，营销能力是一个企业的核心竞争力之一。营销本身是指个人和集体通过创造，提供出售，并和别人自由交换产品和价值，以获取其所需所欲之物的一种社会和管理过程；营销者就是寻找一个或更多的能进行价值交换的预期顾客的人。营销者制定的营销策略与企业的战略规划紧密相关。在制定企业战略的时候，必须牢牢树立市场营销的中心地位，用市场营销的核心思维方式来思考战略问题。

营销对企业的发展来说是如此重要，但在互联网技术日益成熟的今天，传统营销模式已经渐渐无力满足互联网时代的企业需求，相比而言，互联网营销则成为了时代的新宠。

互联网营销是互联网时代人类经济活动的变革，它靠减少交易成本而增强了竞争优势；它创新地再造了通路、物流、供应链的流程；它改变了企业与顾客沟通和建立关系的传统方式；它提高了顾客的满意度，使顾客消费的个性化得以实现。网络的互动性使顾客在整个营销过程中的地位得到提高，使顾客真正参与到整个营销过程中来成为可能。为满足个性化消费需求，企业必须严格地落实以消费者需求为出发点、以满足消费者需求为归宿点的现代市场营销理论思想。

在最近几年里，互联网和移动通信成为当今世界发展最快、市场潜力最大、前景最诱人的两大业务。它们的增长速度是任何预测家未曾预料到的。迄今，全球互联网用户已逾7亿，移动用户已超过15亿。中国互联网用户总数则超过1亿，移动通信用户总数超过3.6亿。这一历史上从来没有过的高速增长现象反映了随着时代与技术的进步，人类对信息与移动性的需求急剧上升。越来越多的人希望以更加方便快捷的方式接入互联网，获取急需的信息，完成想做的事情。所以，现在出现的互联网与移动终端设备结合的趋势成为了历史必然。

在互联网时代，特别是进入移动互联网时代以后，人们的生活习惯彻底发生了改变：上网的时空限制被打破，随时随地都有人浏览移动互联网；人们愈发依赖移动终端，总是见缝插针地使用移动互联网，人们的阅读方式愈发碎片化；随着社交媒体的兴起，微博、微信等社交工具大行其道，人们愈发看重社交和互动，社交生活化趋势明显；手机App愈发成为人们主流的娱乐方式，人们花在各种游戏、资讯App上的时间越来越多……

这些改变既增加了互联网营销的难度，也为其带来了前所未有的机遇：

首先，消费者在传统媒体上花的时间越来越少，他们更愿意把时间花在互联网上。随着近年来网购的火热，网上消费已经成为了人们新的消费习惯。这便给企业做互联网营销推广提出了新要求，也给企业做互联网营销提供了巨大的商机。

其次，互联网的快速传播性大大节约了企业的营销成本。原本需要准备十几天甚至几个月的营销活动，只要在微博等网站上发布半小时，就能立刻引来广泛关注——前提是你的营销策略很有针对性。而且，其热度很有可能远远大于你之前通过传统媒体做广告达到的效果。

再次，互联网的兴起，特别是移动互联网的流行，极大地拓展了企业做营销的渠道：门户网站、视频网站、社交网站、微博、微信、贴吧……只要你能想得到的地方，都有无数潜在用户等待你去挖掘。同时，线上线下结合的互动营销效果愈发明显。不论是通过移动互联网将线上用户引流至你的实体门店来消费，还是将你的实体店顾客吸引到网店以增加流量，都能为企业带来巨额的利润。

最后，随着移动互联网新技术的提高，使得企业挖掘、管理用户的方式增多，效率加快。尤其是大数据的兴起，它不仅能帮助企业及时优化自身的营销策略，同时还能帮助企业搜索、挖掘、分析和积累用户信息，为企业实现精准营销和长期建立客户关系提供了可靠的支持。

本书顺互联网的发展潮流，应互联网营销推广的需求，从传统营销模式与互联网营销模式的对比、互联网营销模式的特点和优势、新兴互联网营销模式以及实战策略等几方面，系统、详细、多角度、多渠道地阐述了互联网营销推广的意识、概念、方法和案例，并着重从微博营销、App营销、微信营销、O2O营销、内容策略、粉丝策略和互动策略等七大主流互联网营销策略分析了各个策略的适用领域、运用方法、注意要点，以及成功案例，让你一本书读懂互联网营销推广。

最后，希望通过本书的出版，帮助读者更好地拓展互联网营销推广新思路，帮助更多的企业和个人应用并发挥出互联网及移动互联网巨大的商业价值。

目 录

第 2 章　移动终端掀开网络营销新篇章

第3章　微博营销：互联网营销的大本营

第1章

互联网营销：让全球互通成为现实

从农耕时代到工业时代再到信息时代，技术力量不断推动人类创造更新的世界。在当今社会，互联网技术，正以一种改变一切的力量，在全球范围掀起一场影响人类所有层面的深刻变革。之前区域的限制、信息传输的阻碍等限制人类交流与互通的问题，在互联网时代到来之后，都将不攻自破。而互联网营销作为一种借助互联网而兴起的营销方式，也将打破各种限制，让全球营销互通成为一种现实。

1.1 互联网营销到底是什么玩意儿

互联网时代的来临，可以说使整个人类世界站在了一个新时代的前沿。互联网问题也是全球共同面对的课题，而互联网无疑也将是影响到全球的课题。我们不仅需要从宏观的角度看到互联网营销的前景，更要从微观的角度来探讨、研究互联网营销的要诀，那么在展开这一切工作之前，我们首先需要弄清楚一个前提，那就是：互联网营销到底是个什么玩意儿。

1.1.1 什么是互联网营销

互联网营销，也称网络营销，指的是一种利用互联网的营销型态。上世纪90年代，随着信息传播方式的变革和计算机技术的日趋成熟，一种新的营销模式随之诞生了，那就是互联网营销。

互联网营销是以互联网为媒体，以新的方式、方法和理念，通过一系列营销策划、制定和实施的营销活动。营销中的诸多要素，如：品牌、渠道、市场开拓、产品创新、定价促销、宣传推广等要素在互联网营销中都有所体现，只不过互联网营销为传统的营销要素带来了新的形式与内容。

新型互联网营销基于互联网平台，利用信息技术与软件工具满足公司与客户之间交换概念、产品、服务等活动，同时可以通过在线活动创造、宣传、传递客户价值，并且对客户关系进行管理，以达到一定的营销目的。在互联网营销中，走在最前端的就数电商了。

这里我们所说的“电商”不是单纯的电子商务，电子商务是指在互联网、企业内部网或增值网（VAN，Value Added Network）上以电子交易的方式进行交易活动和相关服务的活动，是传统商业活动各环节的电子化、网络化的新型商业模式。“电商”更具体地讲是借助互联网进行产品推广、宣传和营销的商家，也指运用电子商务模式从事营销活动的企业或个人。

在众多的电商之中，以阿里巴巴和淘宝为平台的电商可以说是近年来尽人皆知的商场达人，他们的销售业绩更是骄人。以2013年阿里巴巴集团推出的“双11”促销为例，我们可以看出电商不可阻挡的强劲势头。

2013年阿里巴巴集团对外宣布，其“双11”促销的支付宝总销售额达350.18亿元。在促销当天40分钟内，淘宝服装类目就突破10亿元销售额。1分钟有9.8万个包裹，包裹数同比增长1.7倍。处在销售额榜中前7位的全部为服装企业，领先的为优衣库、杰克琼斯、GXG、欧时力等品牌。

“双11”购物狂欢节参与的商家数也达2万家之多，涵盖电器、服装、家装家饰、箱包、汽车、洗护美妆、母婴、食品、图书等多个行业，3万多个品牌。

此外，在这次促销期间，天猫在C2B预售的基础上进一步升级，推出了先预付再定期配送的周期购业务，消费者动动手指就能等着选购的商品按周或按月送上门。数据显示，2013年“双11”期间，多达3万多“懒人”购买了1000多万元周期购商品。

面对当时促销形式的极度火爆，天猫总裁兼聚划算负责人行癫曾谈到，淘宝销售额会控制在300亿元左右，因为物流的承载能力有限。

从上面的事例中我们不难看出电子商务对消费者的影响，当然，阿里巴巴也只是电商之一而已，是阿里巴巴对互联网销售的前瞻性和其自身的坚持不懈成就了阿里巴巴的今天。阿里巴巴的成功同时也证明了互联网营销作为一种相对于传统营销的模式，具有更多的优越性。

互联网营销是信息化社会的必然产物，具有跨时空、整合性、交互性、成长性和经济性等特征。随着互联网影响的进一步扩大，人们对互联网营销理解的进一步加深，而且伴随着越来越多的互联网营销推广的成功案例的出现，人们也已经开始意识到互联网营销的诸多优点，并越来越多地通过互联网进行营销推广。

1.1.2 互联网营销与传统营销的区别

随着计算机互联网技术的迅速发展，互联网经济已经成为一种新型的经济形式，而与之相关的互联网营销也迅速成为新的市场营销途径。互联网营销具有营销空间的无缝隙化、顾客的主导性、市场配置的协作性等特点，它与传统营销相比有很大的不同，这两种营销模式的差异主要表现在以下几方面：

第一，营销理念不同。

传统的营销管理强调4P：产品、价格、渠道、促销（product、price、place、promotiom）组合，现代营销管理则追求4C：顾客、成本、便利、沟通(customer、cost、convenient和communication)，然而无论哪一种观念都必须基于这样一个前提：企业必须实行全程营销，即必须由产品的设计阶段开始就充分考虑消费者的需求和意愿。

而在传统的营销模式下，这一点往往难以做到。原因在于，消费者与企业之间缺乏合适的沟通渠道或沟通成本太高。消费者一般只能针对现有产品提出建议或批评，对尚处于概念阶段的产品难以涉足。此外，大多数的中小企业也缺乏足够的资本用于了解消费者的各种潜在需求，他们只能凭自身能力或参照市场领导者的策略进行产品开发。

而在互联网营销环境下，这一状况就能轻松得到改观。即使是中小企业也可以通过电子布告栏、线上讨论或电子邮件等方式，用较低的成本在营销的全过程中对消费者进行即时的信息搜索，消费者也有更多的机会对产品从设计到定价和服务等一系列环节发表意见和建议。这种双向互动的沟通方式提高了消费者的参与性与积极性，更重要的是它能使企业的决策有的放矢，从根本上提高消费者满意度，创造出更加符合消费需求的产品。

第二，营销目标不同。

传统营销策略的工作重心更多的是围绕4P展开，其注重和强调的是企业利润的最大化，而不是客户是否得到了最好的满足，不是他们的产品是否符合客户的需求；而互联网营销更加关注4C，其各环节的工作也都是围绕着4C展开，强调以顾客为中心，通过满足顾客需求，为顾客提供优质、便利服务而实现企业价值，通过满足顾客的个性化需求，最终实现企业利润。

第三，营销方式不同。

传统的营销方式以销售者的主动推销为主，而客户处于被动接受的状态，这样很容易使顾客与企业之间的关系变得僵化，甚至于给顾客带来很多不便和烦恼。从长远来看，这种营销模式并不利于企业的长期发展；互联网营销方式更加强调顾客为中心，更注重维持与顾客的关系，通过分析顾客的喜好、需求，为顾客提供优质产品和服务，而客户在需求的驱动之下也会主动通过互联网寻求相关产品或服务的信息，从而使企业与顾客的关系变为真正的合作关系，有利于企业的长期发展。

互联网营销与传统营销相比在方式上的最大区别在于是否以顾客为主导。在互联网时代，顾客拥有比过去更多的选择自由，他们可根据自己的个性特点和需求在全球范围内寻找满足品，不受地域限制。通过进入感兴趣的企业网址或虚拟商店，顾客可获取产品的更多的相关信息，使购物更显个性。

第四，营销媒介不同。

传统的营销活动主要是依靠营销人员与顾客的直接接触与放送广告的形式对顾客进行轰炸，使顾客被动接受；而依托互联网而产生的互联网营销，作为一个新的理念和营销方式，与传统市场营销相比，具有跨时空、多媒体、交互式、整合式、高效性、经济性和技术性等特点。这种营销方式主要是以互联网为基本平台，通过计算机、手机、电视机等互联网终端为顾客提供服务从而实现营销目的。

第五，带给消费者的感受不同。

在传统的营销中，从商品买卖过程来看，消费者一般需要经过看样，选择商品，确定所需购买的商品，付款结算，包装商品和取货（或送货）等一系列过程。这个买卖过程大多数是在售货地点完成的，短则几分钟，长则数个小时，再加上为购买商品去购物场所的路途时间、购买后的返途时间及在购买地的逗留时间，无疑大大延长了商品的买卖过程，使消费者为购买商品而在时间和精力上做出很大的付出。然而随着生活节奏日益变快，人们消费产品的数量日益增多，交通拥堵越演越烈，传统的购物很显然给人们的生活带来了众多的不便。有时为买到想要的商品，一个消费者要花上半天，甚至一天的时间。此外，由于受地点的限制，很多消费者在当地无法购买到最前沿的商品，这就限制了消费者的消费，而互联网营销则不会出现这些问题。

互联网营销为人们描绘了一个诱人的场景，它使购物过程不再是一种沉重的负担，甚至有时还是一种休闲、一种娱乐。让我们看一看互联网营销是怎样简化购买过程的。

售前：由于互联网空间的开发性与广阔性，商家可以向消费者提供丰富的产品信息及相关资料（如质量认证、专家品评等），甚至是客户对产品的评价等。消费者可以在比较各种同类产品的性能价格以后，做出购买决定。售中：由于互联网营销完全可以在网上操作，所以消费者无须驱车到也许很远的商场去购物，交款时也不需排着长队，耐心等待，最后也无须为联系送货而与商场工作人员交涉。相反，这一切都可以在网上完成，而且在这个过程中，消费者完全可以坐在家里逛虚拟的网络商店，然后用电子货币结算等。售后：在使用过程中如发现问题，消费者还可以随时与厂家联系，得到来自卖方的及时的技术支持和服务。

总之，互联网营销能简化购物环节，节省消费者的时间和精力，将购买过程中的麻烦减少到最小。消费者则可在全球范围内寻找最优惠的价格，甚至可绕过中间商直接向生产者订货，因而能以更低的价格实现购买。此外，互联网营销也能为企业节省巨额的促销和流通费用，使降低产品成本和价格成为可能。

互联网时代，消费者迫切需要用新的快速方便的购物方式和服务，以最大限度地满足自身需求。消费者价值观的这种变革，呼唤着互联网营销的产生，而互联网营销也在一定程度上满足了消费者的这种需求。通过网上购物，消费者便可“闭门家中坐，货从网上来”。

虽然，传统营销与互联网营销相比具有很多弊端，但是，互联网营销与传统营销并不能相互替代。因为互联网营销的全部过程都是完全虚拟的、不可视的，所以消费者与企业间的信任很难建立，而在这一点上，传统营销则占据了更多的优势。所以，作为处于同一经济环境下的不同营销方式，二者不能互相取代，而是将长期存在，优势互补，并最终走向融合。

1.2 互联网营销不能忽视的几个关键词

谈及互联网营销，虽然很多人都能道出其中的一二，但是，我们不得不承认，在互联网营销这个课题面前，我们的未知远远大于已知。所以，为了从更全面的角度了解互联网营销，我们必须更客观、深入、准确地理解什么是互联网、什么是互联网时代、什么是互联网社会、什么是互联网营销，未来互联网营销又将给人类带来怎样深远的影响。而在此之前，我们有必要先弄清楚互联网营销的几个不容忽视的关键词。

1.2.1 网站建设

作为唯一一种全天24小时不间断的媒体平台，互联网的作用是传统媒体不可企及的。作为一个企业，可以通过在互联网上建立自己的网站，向世界展示自己的产品和企业形象，让更多人了解自己的企业，使企业能够在公众知名度上有一定的提升。

所谓网站，最初就是指在互联网上根据一定的规则，展示特定内容的网页的集合。最初这种网页只能是文本格式，现在则可以集合图像、声音、动画、视频，甚至3D技术等方式来展示特定的内容。

网站建设通常包括域名注册查询、网站策划、网页设计、网站功能、网站优化技术、网站内容整理、网站推广、网站评估、网站运营、网站整体优化、网站改版等工作。它可以说是一项非常专业的技术，但对于大众而言，它的实用价值在于它在互联网上的展示作用。

利用互联网开展电子商务，一直是企业联网的理想目标，目前基本上所有的大小公司都可以实现电子商务，而且他们也已经尝到了电子商务带来的巨大好处：内部信息数据的瞬间沟通、人员联系的日趋紧密、业务开展效率的加快、国际化成分的日益增加、大量门面与分支机构的消减所带来的资金节约等。

就在各种企业利用电子商务赢得利益的同时，对于卖方来说网站建设就成了不能忽视的一个项目。对于企业而言，网站就是企业的网上门店，企业可以在自己的网站上通过文本、图片、视频等方式展示企业产品或是公司信息，此外，现在企业还可以通过网站与浏览者进行即时交流、沟通。总的来说网站对企业的好处可以总结为以下几点：

第一，网站内容可以随时更新，企业可以随时更新在网上的产品展示，在现实生活中这是很难做到的。之前，企业展示产品的传统方式就是做画册、产品手册等，一旦产品有变动，就需要重新印画册，这样不仅需要很长时间，而且花费较大。而在网站上，这些都可以很好地避免。

第二，网站信息量可以做到极大，只要企业的域名服务器允许，企业可以尽可能多地丰富自己的网站，展示企业信息和产品信息。但是离开网络，传统的企业推广方式很难如此全面地展现公司信息。比如企业做产品手册或宣传画册，一本画册充其量做到十几页，容量有限，不能全面展示企业产品信息。

第三，网站是企业网上的一个门户，是企业形象的代言。如果一个大企业连网站都没有或者做得很差，客户就会觉得这不是一个现代企业，不是一个能跟得上形势的企业。如果网站做得好，就能给客户一种高端的感觉，同时增强客户对企业的信任度。

第四，网站可以帮助企业提高效率、规范管理、降低管理成本。通过上述三点分析，我们可以很清楚地看到，网站对于企业而言不是加重了负担，而是大大削减了企业成本，提高了企业运作效率。

第五，网站可以帮助企业与潜在客户进行相互搜索。人们最常使用互联网的一大功能就是搜索引擎。企业如果有自己的网站，客户在不知道该企业的情况下可以通过搜索引擎找到该企业的网站，从而获得企业信息，与企业获得联系。企业也可以通过网络推广，或是网站链接等手段，把企业的信息传到世界各地，让客户更好地找到自己的信息。

综上所述，一个好的企业网站对企业的网络营销所起的作用是不可低估的，但随着现在网站数量和内容的极度丰富，一个企业即使有一个好的网站，如果缺乏后期的网络推广，不能让客户看到自己的网站也是不行的，这就牵涉到后面我们会讲到的网络推广。一个企业有一个好的网站是企业进行网络推广的基础。

1.2.2 IM

IM是Instant Messaging的缩写，中文意思是即时通讯、实时传讯。通过即时通讯软件，使用者可以在网络上建立某种私人聊天室与网络好友进行实时通讯。目前在计算机互联网上受欢迎的即时通讯软件包括QQ、百度HI、新浪UC、MSN；在移动互联网上的有Facebook、微信、米聊等。

IM营销又叫即时通讯营销，是企业通过即时通讯工具推广产品和品牌的一种手段，其对企业互联网营销的作用一般体现在以下两点：

第一，网上在线交流。

中小企业建立了网店或者企业网站时一般需要有即时通讯工具在线，这样当有潜在客户来逛网店或是网页时，企业客服人员就可以主动和客户打招呼，同时客户如果有什么疑问或需求也可以即时向客服提问。这样有利于加强客户与企业的即时沟通。

第二，广告。

中小企业可以通过IM营销通讯工具向各种聊天群发送信息，当然最主要的还是广告信息，比如产品信息、促销信息。或者发送一些新闻资讯、趣闻、趣事等扩大企业知名度。

对于网络营销而言，IM即时通讯工具可以说是一个非常好用的广告发送工具，但是企业要运用IM工具进行网络营销还需要注意一些细节：

第一，名字很重要。

企业用户起名一定要起相对庄重的，可以用企业名字或者品牌名字来做即时通讯工具的名字，这样就可以在与客户互动时，顺便推广企业或者产品，使企业或是产品在客户脑海中留下印象。即时工具的头像也要有特色，也可以用企业标识或者产品商标做头像，但不要用非主流或者不正规的头像。即时工具的资料越丰富越好，但是一定要是真实信息，如果有自动回复的即时通讯工具可以设置自动回复，回复的内容也要注意，语言要随和，有亲和力。

第二，发送信息要谨慎。

和企业用户不同，使用个人IM即时通讯工具的人，大多是为了消遣、娱乐，捎带着开拓视野或增长知识。如果企业用户在聊天室、QQ群或是微信朋友圈等即时聊天平台上无节制地发送广告或促销信息，很容易就会引起个人用户的反感。所以，做IM营销也一定要注意方式，一定不能让看到广告的人产生反感。就广告内容上讲，内容可以做成一句生动的话，有趣的打油诗等。

IM营销的关键还在于长时间沉淀和累积客户，最主要的还是要从客户需求去考虑，不要只想着怎么赚客户的钱，要看他们需求什么，企业能给他们什么。因为是即时聊天，所以在沟通方面一定要有技巧，不要让客户产生反感。企业只有首先吸引了客户的兴趣，维护好与客户的关系，才能够更好地实现企业营销。

1.2.3 超级链接

超级链接和网站建设是不可分开的一种营销策略。超级链接在本质上属于网页的一部分，它是一种将某一网页或站点连接到其他网页或站点的手段，一般多个网页链接在一起就会成为一个真正的网站。简单地说超级链接就是从一个网页指向一个目标的连接关系，这个目标可以是另一个网页，也可以是相同网页上的不同位置，还可以是一个图片、一个电子邮件地址、一个文件，甚至是一个应用程序。而在一个网页中用来作超链接的对象，可以是一段文本或是一个图片。当浏览者点击链接的文字或图片后，链接目标就将弹出，显示在浏览器上供浏览者阅读。

一个企业想要在网站建设好之后，让更多的网民看到自己的网站，提高网站的点击率和知名度，就可以利用网站之间的资源合作。而网站与网站之间的资源合作最常用、最简单的办法就是超级链接。所以说，超级链接也是网络营销的一种手段。

通常，网站间简单的合作形式，就是分别在自己的网站上放置对方网站的LOGO或网站名称，并设置对方网站的超级链接，使得浏览者可以从自己的网站中发现对方的网站，或者从对方的网站中发现自己的网站。

从超级链接存在的形式上，我们不难发现，超级链接有着一定的推广作用。它可以获得较多的访问量，加深用户浏览时的印象，增加网站在搜索引擎排名中的优势，通过合作网站的推荐增加访问者的可信度等。

不过关于交换链接的效果，也有人持有不同看法，有人认为网站可以从链接中获得的访问量非常少，也有人认为交换链接不仅可以获得潜在的品牌价值，还可以获得很多直接的访问量。事实上，要想发挥出超级链接的价值，企业在做网上超级链接时，还需要注意以下几点：

第一，注意不同网站图片的风格不同。

超级链接有图片和文字链接两种主要方式，如果采用图片链接要特别注意图片风格的一致性。由于各网站的图片千差万别，即使规格可以统一，图片的格式、色彩等风格也很难协调，这便会影响网站的整体视觉效果。例如，有些图标是动画格式，有些是静态图片，有些画面跳动速度很快，有的速度慢。如此多的图片放置在一起，会给人眼花缭乱的感觉。这样很容易引起浏览者的反感，同时也不利于超级链接发挥作用。

第二，网站首页不易放置太多图片。

网站的展开速度通常会受图片多少的影响，如果网站首页放置的图片过多，就会影响下载速度，尤其是这些图片来自不同的网站服务器时，其速度就会更慢。而网民一般在一个网页上停留的时间非常之短，如果一个网页在几十秒之内依然无法打开，那么浏览者通常就会立马关掉该网站，去浏览其他网站。这样一来，不仅网站的点击率会降低，超级链接的作用也将无法发挥。通常，网站首页放5张左右的图片不会对首页的打开速度有明显的影响。

第三，不要链接无关的网站。

一些企业认为，网站上内容丰富超级链接较多更能抓住浏览者的眼球，事实上，网站上的链接并不是越多越好，特别是一些不相干的链接，不仅会分散浏览者的注意力，还会影响网站的专业性，降低浏览者对网站的信任度。

第四，剔除无效的链接。

说起无效链接，可能很多企业的网站都存在这样的问题，即使网站内部链接都没有问题，也很难保证链接到外部的网站同样没有问题。由于网站上的页面、图片、文字等随时可以更改，所以很多超级链接很容易就会变成无效链接。如果不剔除这些链接，一旦浏览者发现，就会对网站产生不好的印象。所以，企业做互联网推广和营销，每隔一段时间就要对网站链接进行系统性的检查。

综上所述，超级链接是一种可以发挥很大价值的网络推广和网络营销的手段，至于这种营销模式具体能发挥怎样的作用，关键还是要看营销者能否规避它可能存在的弊端，发挥其对推广营销的积极作用。

1.2.4 搜索引擎

搜索引擎一词已经在前文中出现过，现在提到搜索引擎大家也都略知一二，而且很多企业也在致力于利用搜索引擎来做网络推广和网络营销。那么搜索引擎具体是如何在网络营销中起作用的呢？

首先我们先来了解一下什么是搜索引擎。所谓搜索引擎就是指根据一定的策略、运用特定的计算机程序从互联网上搜集信息，在对信息进行组织和处理后，为用户提供检索服务，将用户检索到的相关信息展示给用户的系统。目前为人们所熟识的搜索引擎工具有百度、雅虎、搜狗、谷歌等。

当今社会，互联网在经济生活中扮演着越来越重要的角色，电子商务概念日渐深入人心，很多企业也逐渐意识到网络对于自身发展的重要性。越来越多的企业尝试在互联网上建立自己的网站，希望借助网络的力量助企业发展一臂之力。

然而，网站做好了，并不等于就可以甩手去做电子商务了。要知道网站只是一个平台，如果没有推广，网站的知名度就打不出去，希望网民通过自己搜索找到企业的网站实在有些困难。据统计，目前世界上网站总数已经超过了4000万，一个企业如何让客户在这浩如烟海的信息世界里找到自己？网站如何才能被更多的人访问，尤其是被自己的潜在客户浏览呢？要实现这一目标，企业除了做超级链接，还要做搜索引擎优化。

研究表明，搜索引擎是目前最重要、效果最明显的网站推广方式，也是最为成熟的一种网络营销方法。CNNIC（中国互联网络信息中心）最新调查报告显示：搜索引擎是用户获悉新网站的最主要途径，网站访问量82.2%以上来源于搜索引擎，而且目前会上网的网民基本上都会使用搜索引擎，如果一个企业未被收录在搜索引擎中，用户将很难找到该企业。

著名搜索引擎业界评论家丹尼·苏利文曾做过一个形象的比喻："如果你没把登录搜索引擎纳入你的总体网络营销计划，那么就好像在传统市场推广中不考虑电视、报刊等主流媒体一样"。由此可见，搜索引擎在提高企业网站的访问流量中起着举足轻重的作用。

1.2.5 SER

搜索引擎优化即Search Engine Optimization，简称SER。搜索引擎优化是针对搜索引擎对网页的检索特点，让网站建设各项基本要素适合搜索引擎的检索原则，从而能够被搜索引擎收录，并在搜索引擎自然检索结果中排名靠前，最终达到网站推广的目的。

搜索引擎优化本身是一种计算机技术，而对于企业的网络营销而言，搜索引擎优化能够帮助企业在用户搜索中排名靠前，这才是其实用价值所在。

当然，对于任何一家企业来说，要想在引擎网站上排名靠前都不是一件容易的事。因为，随着搜索引擎不断变换排名算法规则，每次算法上的改变都会让一些排名很好的网站在一夜之间名落孙山，而失去排名的直接后果就是失去了网站固有的可观访问量。所以，一些企业为了在搜索排名中靠前不得不在一些搜索引擎页面上做推广，比如百度推广、搜狗推广等。当然这些都是需要付费的。

目前搜索引擎优化的方法主要分为：黑帽、白帽两大类。黑帽法就是完全用作弊手段进行关键字排名，比如隐藏文笔、链接工厂、桥页、跳页等。白帽法就是正统的搜索引擎优化途径，也就是搜索引擎厂商自身认可的一些手段。

1.2.6 电子商务

如今电子商务已经成了人们耳熟能详的词了，而且在前文中我们也曾提到过电子商务的概念。由于在接下来的章节中还会多次提到电子商务，这里我们有必要来了解一下电子商务存在的具体价值。

电子商务说白了就是以互联网为平台展开商业交易的一种方式。其存在的价值就是让消费者通过网络在网上购物、网上支付，节省客户与企业的沟通时间，提高交易效率。在消费者信息多元化的21世纪，有了电子商务模式，消费者就可以足不出户地通过网络渠道，了解各地的商品信息，然后再享受网上购物乐趣。

由于本书重点要讲互联网营销，所以在这里很有必要阐述一下电子商务和网络营销的区别与联系。首先，电子商务的核心是电子化交易，强调交易方式和交易全过程的各个环节；而网络营销注重以互联网为主要手段的营销活动，主要研究的是交易前的各种宣传推广。其次，电子商务的重点是实现了电子化交易；而网络营销的重点在交易前的宣传和推广。

由此看来，企业开展网络营销活动在前，进行电子商务在后。电子商务可以看作是网络营销的高级阶段和实现方式，二者密切相关，并不矛盾。

1.2.7 移动电子商务

移动电子商务是近几年出现的网络新名词，所谓移动电子商务，其实它也是电子商务的一种，只不过这种电子商务是利用手机、Pad及掌上电脑等无线终端进行的B2B、B2C或C2C的电子商务。

移动电子商务是在无线传输技术高度发达的情况下产生的，比如经常提到的3G技术。此外，WiFi和WaPi技术，也是无线电子商务产生和存在的条件之一。

移动电子商务的优越性在于，它将互联网、移动通信技术、短距离通信技术及其他信息处理技术完美结合，使人们可以在任何时间、任何地点进行各种商贸活动，实现随时随地、线上线下的购物与交易，或在线电子支付以及各种交易活动、商务活动等。

移动电子商务的优越性和移动终端用户的增多，促使越来越多的企业和个人认识到了移动电子商务更大的营销价值，移动电商也随之如雨后春笋般涌现。

移淘商城成立于2010年3月，由刘萧崴联手国内多家投资商在广州创办，是目前国内比较完善的手机购物平台。据公开数据显示，移淘2013年月发货近7000万元，日订单处理量超过4000单，日均用户数超过 280万，日均页面浏览量超过700万次。

移动互联网诱人的市场前景吸引了多家互联网巨头争相布局，目前国内最大的互联网电商老大阿里巴巴旗下的淘宝网也已经开始运作手机淘宝了。

1.3 网络推广与互联网营销的区别

提起互联网营销，很多的人就会联想起网络推广，更多的人则认为二者基本上就是一个概念，那么二者究竟有着怎样的联系与区别呢？

第一，从定义上讲，网络推广就是以产品为核心内容，建立网站，再通过各种免费或收费渠道将这个网站展示给网民的一种推广方式。常见的免费网站推广就是发帖子、交互链接、B2B平台建站、博客、微博、微信等新媒体渠道，付费推广有搜索引擎推广等方式。网络推广属于一种广告方式，而互联网营销则是一种营销方式。

第二，从目的上讲，网络推广重在“推广”二字，主要的目的是利用各种网络推广方法，使产品尽可能让更多的人知道；而互联网营销则重在“营销”二字，它更注重的是通过推广，能够产生什么样的经济效益。

第三，从投入上讲，网络推广往往投入比较少，甚至一个人也可以操作。比如论坛推广、微信推广，推广人员只需要将推广信息发布到指定论坛或朋友圈即可；互联网营销则投入比较大，通常不是一两个人能够完成的，需要团队协作来完成。

第四，从考核上讲，网络推广主要考核的是具体的工作量，比如微信推广，只需要保证相应的推广信息达到多少阅读量或是转发量；而互联网营销通常考核的是转换率或收益，比如微信营销，点击率、阅读量、粉丝人数达到多少不重要，关键是这些数据能带来多少销售。

第五，从执行上讲，网络推广成功的关键是执行力；而互联网营销主要靠的是创意和策略。网络推广是保证互联网营销效果和成功的关键，是互联网营销的重要组成部分。当互联网营销落实到执行层面时，就需要网络推广来为之服务。互联网营销脱离了网络推广，很难独立存在。而当要执行的任务仅限于推广需求时，网络推广却完全可以独立进行。

1.4 互联网营销常用策略

和传统的营销模式不同，互联网营销有其自身的特点，因此，要想做好互联网营销，我们就必须依据其特点，采用不同的营销策略来推动互联网营销。那么，在如今社会，有哪些互联网营销模式是人们常用的呢？我们不妨一起来探讨一下。

1.4.1 SEM搜索引擎营销

搜索引擎销售即Search Engine Marketing，简称SEM。搜索引擎销售的基本思路就是通过让用户发现信息，并通过（搜索引擎）搜索点击进入网站、网页进一步了解其所需要的信息，进而实现企业营销的目的。搜索引擎营销的主要推广方式便是搜索引擎推广。

目前，搜索引擎推广的形式包括搜索引擎优化、关键词广告、竞价排名、固定排名、基于内容定位的广告等多种形式。而随着搜索引擎形式的进一步发展变化，也出现了其他一些形式的搜索引擎。

从目前的发展趋势来看，搜索引擎在互联网营销中的地位依然重要，并且受到越来越多企业的认可，搜索引擎营销的方式也在不断发展演变，因此企业应根据环境的变化选择搜索引擎营销的合适方式。

1.4.2 电子邮件营销

电子邮件营销即Email Direct Marketing，缩写为EDM。该营销方式是指在用户事先许可的前提下，通过电子邮件的方式向目标用户传递价值信息的一种网络营销手段。

这种营销模式的三个基本因素为：用户许可、电子邮件传递信息和信息对用户有价值。三个因素缺少一个，都不能称之为有效的Email营销。电子邮件营销是利用电子邮件与受众客户进行商业交流的一种直销方式，同时也广泛地应用于网络营销领域。

电子邮件营销是网络营销手法中最古老的一种，甚至可以说比绝大部分网站推广和网络营销手法都要老。目前，随着电子邮件数量的激增，很多网民会将邮箱设置为自动拒接被标为垃圾邮件的邮件，因此，电子邮件营销模式的优势正在逐渐消失。

当然，如果企业用户能在电子邮件营销模式上做些精心设计，电子邮件营销依然可以发挥其相应的作用。比如：设计吸引人，邮件标题简单明了，内容清晰，便于阅读等。

不过，若是广告邮件群发能做好，其效果却也非常好，而且成本不高，目前，在我国，花很少的钱就可以买到带上亿个邮件地址的群发软件。另外企业还可以在自己的网站加入邮件列表功能，可以让网友订阅自己的电子杂志，然后在电子杂志中融入病毒式营销的相关策略。如此，同样可以取得很好的效果。当然，广告邮件不可盲目乱发，否则可能会取得相反的效果。

1.4.3 资源合作推广

所谓资源合作推广就是指企业之间通过交换各自的优势资源，以达到相互宣传推广效果的活动，比如典型的广告互换、流量互换等。而用这种推广获得利润的营销模式就叫资源合作营销。

这种营销方式最大的特点和优势是能够在投入资金的情况下，利用自己手中已有的资源实现推广营销、扩大收益的目的，可以让手中的资源发挥最大的效用，且适合于任何规模的公司、单位，甚至个人。

由于资源合作营销有着化腐朽为神奇的效果，所以很多公司对它越来越重视，资源合作营销甚至已经演变成了一个专门的部门和职位，名字叫BD，即Business Development，翻译成中文为商务拓展。在一些公司，BD部门的重要性已经可以比肩甚至超越了传统的市场部。比如，京东商城推出的京东众筹，其实就是一种资源合作营销。

京东众筹是京东金融近日推出的一个名叫“凑份子”的业务，其众筹的种类主要为四大类：产品众筹、公益众筹、股权众筹、债权众筹。“凑份子”首期上线的12个项目均为产品众筹，是出资人对众筹项目进行投资，获得产品或服务。

众筹项目由项目发起者发起，由多人参与支持，发起人根据项目的真实情况和进展实时公布，设定参与时间，最低支持金额，并承诺参与者应得到的项目回报。而参与者只需使用京东账号登录京东金融进入众筹项目面页，浏览了解项目后即可点击购买支持的项目金额，待项目完成后即可获得项目承诺的回报。

资源合作营销也有一定的局限性，那就是其成功的关键在于如何深入挖掘自身资源，有效扩大资源价值。这就需要人们在实际操作时，充分发挥想像力、创造力，合作方式要不拘一格，只有好的合作创意才能带来更好的效果。

1.4.4 网络广告营销

传统的广告营销已经充斥了人们的日常生活，人们对这种广告营销也可以说是非常熟悉了，它通常借助电视、广播、报纸等大众性传播媒体，又有路牌、灯箱、交通工具等户外媒体，以及POP、包装物、电话黄页、产品目录等其他媒体，甚至还包括人体、厕所墙壁等一切可利用的媒体进行广告推广。其中，报纸、广播、电视是公认的三大传统广告媒体。

与传统媒体广告不同，网络广告营销是在网络普及之后兴起的新的广告营销模式。这种营销模式主要通过发挥网络互动性、及时性、多媒体、跨时空等特征优势，选择适当的网络媒体进行网络广告投放。

网络广告的对象是与互联网相连的所有计算机终端客户，通过互联网将产品、服务等信息传送到世界各地，其世界性广告覆盖范围使其他广告媒介望尘莫及。

与传统广告营销相比，网络广告营销具有更多的优势：

第一，媒介形式多样性。

网络广告可采用融文字介绍、声音、影像、图像、颜色、音乐等于一体的丰富的表现手段，具有传统广告媒体的各种优势，同时又具备更多前者所不具备的优势。而且，和传统的广告媒体相比，网络广告制作成本更低、时效更长。

第二，信息量大。

网络广告的内容大可到飞机，小可到口香糖。庞大的互联网网络广告能够容纳难以计量的内容和信息，它的广告信息面之广、量之大是传统广告媒体无法比拟的。

比如，报纸广告的信息量常常受版面篇幅限制，电视广告的信息量要受到频道播出时间和播出费用的限制，而网络广告信息量不仅可以极度丰富，还可以全天24小时随时播放。

第三，传播更加高效。

报纸广告基本是一对一的传播过程，电视传媒采取的是一对多的方式，而互联网上的广告则是多对多的传播过程。之所以这样，是因为在互联网上有众多的信息提供者和信息接受者，他们既在互联网上发布广告信息，也从网上获取自己所需产品和服务的广告信息。

第四，互动性更强。

在传统的广告营销中，人们只是被动地接受广告，很难或是几乎无法实现与广告营销的互动，但是在网络广告营销中，企业或个人将广告信息内容准备好，放置于站点上之后，所有网络用户都可以通过上网及时查看，获取广告信息。例如，一家公司通过网络广告将公司产品信息传播到世界各地的互联网计算机终端客户面前。当受众之一的个人收到该信息后，如果对该产品感兴趣，就可以在网上查找产品，以获得更多的相关信息。或通过电子邮件、网络电话、网络传真等向该公司询问各类相关问题，甚至进行交易。

第五，网络广告拥有更具活力的消费群体 。

据不完全统计，70%以上的互联网用户集中在经济较为发达地区，这些用户中85.8%年龄在18岁到35岁之间，83%的人受过大学以上程度的教育。由此可见，网络广告的目标群体是目前社会上层次较高、消费能力较强、较具活力的消费群体。这一群体的消费总额往往大于其他各消费层次的消费总额之和。

第六，广告投放更加准确。

网络广告的准确性包括两个方面：一方面是广告主投放广告的目标市场的准确性；另一方面体现在广告受众的准确性上。上网是需要付费的，消费者浏览站点的时候，只会选择真正感兴趣的广告信息，所以网络广告信息到达受众方的准确性非常高。

综上所述，与传统广告营销相比，网络广告的优势相当明显，但是，网络广告营销也并非是完美的，它也存在一些不足。比如，创意的局限性。由于网络页面的空间是有限的，这就给网络广告的设计提出了更大的挑战。不过，总体来讲，网络广告推广已经是目前最优越的推广模式之一了，其营销效果更是传统广告模式无法比拟的。

1.4.5 病毒式营销

病毒式营销是一种常用的网络营销方法，常用于进行网站推广、品牌推广等，其传播途径是用户口碑传播，即从一位用户传播到另外一位用户那里，这种用户彼此接触的营销，过去也被称为“口碑营销”。

病毒式营销是由欧莱礼媒体公司（O’Reilly Media）总裁兼CEO提姆·奥莱理提出的。奥莱理是美国IT业界公认的传奇式人物，也是开放源码概念的缔造者。

在互联网上，这种“口碑传播”更为方便，可以像病毒一样迅速蔓延，因此病毒式营销（也称病毒性营销）便成为了一种高效的营销方式。病毒式营销鼓励用户将营销信息传播给他人，并为信息的曝光和影响创造潜在的增长动力，使之呈几何级数增长。病毒式营销包含三要素：病原体、易感人群和传播方式。

病原体即被推广的产品或事物，它依靠对目标群体的利益、爱好、信息接收方式等的分析制造传播点，从而增加关注度。易感人群是可能接收信息并将信息传递下去的人群。传播方式即传播的手段和渠道。

由于这种营销的传播是用户之间自发进行的，因此它几乎是不需要费用的。正是因为这种营销模式存在先天的优势，所以目前很多销售或是推广活动都更乐于采用这种方式。

2014年，网上疯传的“冰桶挑战赛”就是一个很好的病毒营销的案例。

2014年入夏以来，冰桶挑战风靡全球。这个由美国ALS(肌萎缩性脊髓侧索硬化症)协会发起的慈善活动，要求参与者在网上发布自己被浇冰水的视频，再点名其他人参与。被邀请者要么在24小时内接受挑战，要么选择捐出100美元。比尔·盖茨、马克·扎克伯格、科比、雷军、周鸿祎、刘德华等各界大佬名流纷纷迎战。

伴随持续发酵的名人效应，从7月29日—8月12日，ALS协会总部共收到230万美元捐款，而去年同期收到的捐赠只有2.5万美元。截至8月20日，捐款数已高达1140万美元。

美国著名电子商务顾问拉尔夫·F.威尔逊博士认为，“冰桶挑战”是一场成功的病毒式营销。“冰桶挑战”的病原体并非具体产品，而是以慈善为目的，期望引起大众对肌萎缩性脊髓侧索硬化症的关注，募集善款，其病原体并未刻意设计和制造。有影响力的易感人群的参与，是其成功的关键之一。“冰桶挑战”中，全球政、商、文娱等各界标杆人物纷纷被点名参与，他们拥有的话语权与关注度，本身就是一种巨大的传播力。

天下没有免费的午餐，任何信息的传播都要为渠道的使用付费。而在上述案例中我们却看到病毒式营销几乎是零成本的，这种零成本并不是绝对的，这种营销利用的是目标消费者的参与热情，但渠道使用的推广成本是依然存在的，只不过目标消费者受商家的信息刺激自愿参与到后续的传播过程中，原本应由商家承担的广告成本转嫁到了目标消费者身上，因此对于商家而言，病毒式营销是无成本的。目标消费者则成了自愿付费“为商家打工”的人。

他们为什么自愿提供传播渠道？原因在于第一传播者传递给目标群的信息不是赤裸裸的广告信息，而是经过加工的，具有很大吸引力的产品和品牌信息，而正是这一披着漂亮外衣的广告信息，突破了消费者戒备心理的“防火墙”，促使其完成从纯粹受众到积极传播者的变化。

这一案例也给采用病毒式营销的企业或个人一个很重要的启示，那就是：运用这种营销模式首先一定要确保源信息披着漂亮的“外衣”，不能让广告信息太过明显，引发传播者的反感，否则，营销效果就会大打折扣。

1.4.6 BBS营销

BBS即Bulletin Board System，英文缩写为BBS，中文解释是电子公告牌系统，也被广大网民称为论坛。BBS是互联网诞生之初就存在的形式，历经多年洗礼，论坛作为一种网络平台，不仅没有消失，其营销反而越来越焕发出它巨大的活力。

那么，什么是BBS营销？BBS营销就是：利用论坛这种网络交流的平台，通过文字、图片、视频等方式发布企业的产品和服务的信息，从而让目标客户更加深刻地了解企业的产品和服务。最终达到宣传企业的品牌，加深市场认知度等目的的网络营销活动。

BBS营销可以以整个网络系统为渠道，进行推广和营销，尤其是在网络日益普及的当下，BBS营销可以说是一个很好的营销方式，而且具有其他营销方式所不具备的优点。

1.利用论坛的超高人气，有效地为企业提供营销传播服务。由于论坛话题的开放性，所有企业、个人都可以在论坛发帖或是回帖，而且这些内容对所有的论坛参与者都是开放的。所以论坛营销的营销诉求可以通过论坛传播得到有效地实现。

2.在论坛空间优质的帖子可以得到高效的传播。比如，各种置顶帖、普通帖、连环帖、论战帖、多图帖、视频帖等。

3.论坛活动具有强大的聚众能力，企业或个人可以利用论坛作为平台传播或推广信息，并利用信息的趣味性，调动网民与品牌之间的互动。

4.可以针对论坛优质贴运用搜索引擎技术，不仅使其内容能在论坛上得到好的呈现，而且能保证其在主流搜索引擎上被快速找到。

5.通过筛选不同的论坛主题，可以找到不同兴趣点和关注度的潜在客户，从而有助于实现精准营销。

BBS虽然具备上述多项优势，但是由于BBS面对的是更加自由、挑剔的潜在客户，所以做BBS营销也要当心以下几点：

1.不要直接发广告。这样的帖子很容易被当作广告贴删除。

2.用好头像、签名。可以专门设计一个头像，宣传自己的品牌，签名可以加入自己网站的介绍和连接。

3.发贴质量一定要保证，要发具备一定深度或能够给网民以知识或启示的精华帖，这样不仅能够增强账户和品牌的权威性和品位，也能吸引更多的网民收藏或是转发。否则，低质量的帖子不仅会被网民忽视，被点击较高的精华帖所淹没，而且自身还需要投入较多的时间不停地重发。

4.在论坛，有时候为了帖子的气氛、人气，适当“托儿”一把很有必要。人们都有从众心理，一个帖子的点击率回复率较高就能吸引更多的点击和回复；相反，如果一个帖子的点击和回复率较低，那么它不仅很快会被淹没，也很少会有人耐心地点开去读。

第2章

移动终端掀开网络营销新篇章

美国移动未来研究院CEO查克·马丁认为，世界的移动化趋势并不仅仅局限于技术和移动设备的变革，它更多的体现在人们的行为方式的改变上。移动互联网时代在为人们带来更加便捷、丰富和流畅的信息体验的同时，也加快了人们的工作、生活节奏，并在无形中改变了人们早已习惯了几个世纪的信息获取方式和决策方式。毫不夸张地说，移动互联网正在改变一切，而且这种改变不可逆转。

2.1 智能手机成为网络主角

根据中国互联网络信息中心（CNNCI）2012年第三季度发布的《中国网民搜索行为研究报告》显示，我国使用智能手机的网民数量大幅上升，已达到 3.88 亿。智能手机首次成为继台式电脑之后的又一大上网终端。智能手机的普及聚集了数量庞大的消费者，同时也带动了各行各业的商家对移动终端的重视和追捧，越来越多的商家开始把移动终端的应用作为一种重要的营销渠道。

2.1.1 智能手机改变未来生活

2011年11月，艾媒咨询发布的数据显示，2011年我国国内手机用户总量已达到9.3亿，且手机上网用户已超过3.9亿。而且据DCCI互联网数据中心预测，到2013年中国手机网民将达7.20亿，手机网民将超越电脑网民。

据2014年7月21日奥地利《标准报》报道，中国互联网信息中心在北京发布消息，中国移动电话和智能手机已经超过个人电脑成为中国人访问互联网的最常用设备。截至2014年6月底中国的网民人数达到6.32亿人，其中5.27亿人使用手机上网，占上网人数的83%。

由此可见，在我国，智能手机已经成为了互联网体系的新的主体终端。专家认为，对于具备良好网络设施和庞大手机网民的中国来说，发展势头迅猛的移动互联网将成为我国信息通信业赶超世界先进水平的绝佳机会。而且随着3G网络的逐渐普及，移动资费的下调以及硬件性能的不断提升和成本的降低，智能手机也变得越来越普及。而智能手机的普及与快速发展，也使得移动生活越来越成为一种时尚的潮流与趋势。

和传统的上网工具——电脑相比，移动智能终端（这里主要指智能手机）不仅体积大大缩小了，携带更加方便，而且还引入了一些新技术——卫星定位、电子罗盘、无线上网、照相、通话和实时视频、运动传感器等；在软件方面还引入了云计算和云存储、语音输入法等技术。

互联网方便了人们的沟通，过去只有国家、企业、单位、组织的概念，现在又多了个“群”的概念。互联网让人们结成了大大小小的群，不同爱好的人、不同地域的人、不同门类的人，在互联网中结成了大大小小的社区、BBS论坛、微博粉丝、QQ群、社交网络等，总之互联网的出现大大地改变了人们的生活，而智能手机的出现再次掀起了人们生活的大变革。

有组织曾在微博上做过这样一个调查：生活中你常用智能化的手机做什么？

结果很是惊人，据统计，有81%的受访者拿手机来上网，77%的人选择它来进行信息搜索，68%的人居然用它来看视频。而在智能手机没有出现之前，这些相对常规的生活方式人们通常都是通过PC机完成的。在调查中人们发现，有93%的受访者会在家里使用智能手机，而他们家中大多都有PC电脑，而且网速也很快，但是他们更喜欢用手机上网。

由此可见，随着手机的发展，尤其是智能手机的功能化，手机已经成为人们生活中无法缺失的工具。人们对智能手机产生的依赖感，也是相当惊人的。

相信很多人在生活中都有这样的体会，有事没事都要翻翻手机，也许根本没有什么目的，只是看看，刷刷微博、微信，仅此而已。

在调查中人们还发现，有79%的用户会使用智能手机辅助购物，比如，使用手机地图查找附近的目的物品商店；在选购产品时他们会使用手机对比商品在其他卖场的价格；在网上搜索相关的优惠券并下载到手机，让自己买到的东西更实惠；在自己拿不定主意又不想听销售员的怂恿时，人们常常会拿出手机获取商品的评测信息……

由此可见，智能手机改变的不只是人们的日常习惯，而是把智能化变成了人们的一种生活态度。人们能够随时随地通过智能手机索取信息，进行娱乐、消费或是即时沟通。

2.1.2 智能手机的多种功能

智能手机的强大功能已经征服了手机的绝大部分消费者，那么智能手机和普通手机究竟有什么样的本质区别呢？下面我们就通过分析智能手机与普通手机的区别来了解一下智能手机及其功能。

首先，智能手机像电脑一样，具有独立的操作系统，可自行安装软件、游戏等第三方服务商提供的程序，通过程序对手机的功能进行扩充，并可以通过移动通讯网络来实现无线网络接入。而普通手机则没有开放的操作系统，在购买时所有的功能就已经全部固定了，无法自行扩展功能。

通过这点最明显的区别我们可以看出，智能手机之所以强大，就是因为其功能可以进行不断扩充，只要手机内存允许，智能手机的功能就可以进行扩充。

现在一个普通的智能手机通常具有以下功能：打电话、收发短信、收发电子邮件、编辑文档、即时通讯、视频通话、作为U盘、录音机、MP3（随身听）、照相机、摄像机、收音机、电视机、手电筒、镜子（前置摄像头的功能）、导航、指南针、电脑功能、电子书、杂志、电子相册、卡拉OK、地图、计算器、电子钱包、网上购物等。

以下我们以其中的几个主要功能对智能手机进行介绍：

1. 智能手机是一部“可移动、可视频的电话”。

可以通话是所有手机的功能，但是智能手机的通话功能不同于普通手机。智能手机可以通过WiFi免费享受上网服务（WiFi是一种可以将个人电脑、手持设备，如Pad、手机等终端以无线方式互相连接的技术，事实上它是一个高频无线电信号）。而有了上网功能，智能手机就可以通过下载相关应用软件，比如微信，进行语音或是视频聊天。这样不仅实现了面对面通话，而且通信费用被大大降低。

智能手机的这一功能对于网络营销最重要的意义在于，打破了传统互联网营销文字沟通的呆板和机械，使得买卖双方语音交易得到实现，更利于交易的达成。

2. 智能手机是一部“掌上电脑”。

随着科技的不断发展，智能手机越来越像一部“掌上电脑”了。现在除了可以用手机看书、玩游戏、看视频、浏览图片、听音乐，还可以用手机上网搜索信息，浏览网页，甚至可以用手机在网上下订单，网上支付等，可以说一切可以在台式电脑或笔记本上实现的功能，在智能手机上都可以得到实现。

智能手机的这一功能对于网络营销的意义在于，由于携带方便（可移动），智能手机打破了传统网上交易对时间和地理位置的限制，使交易可以随时随地进行。

3. 智能手机是一部播放机、阅读器。

随着智能手机越来越普及，手机的功能可以被大大地扩充，特别是播放和阅读功能。这使得很多的智能手机用户习惯于用手机下载各种文字资料、电子书，或是各种视频、微电影、电视剧、电影等等，如此一来，之前只能在电视或台式电脑上推送广告的商家，就能通过手机播放和阅读功能来推送广告，从而让客户随时随地可以看到企业的宣传或促销活动，随时促成买卖的达成。

4. 智能手机是一张“智能名片”。

现在社会人脉关系越来越广泛，人与人交往都需要互换名片，而有了智能手机之后，通过下载一些即时聊天软件，每个人都可以在注册账号时输入自己想要别人知道的自己的信息，或是上传自认为不错的照片作为自己的头像。同时也能够通过查看对方资料来了解对方的相关信息。有时通过朋友圈互相分享一下圈内朋友信息，一个人的资料就能发送给圈里的所有人。如此一来，智能手机就成了一张“智能名片”，只要联网就能与更多的人交流相识，做生意。

进入本世纪以来，信息通信产业迅猛发展，如今，以智能手机为代表的智能终端已成为当今全球创新最活跃、发展最迅猛的领域之一。而且，以智能手机为代表的移动终端作为距离用户最近的设备和最直接接口，是一切业务的载体，更是产业链争夺的阵地。

同时，随着移动终端的普及和应用，也预示着自媒体时代的到来，使个人通过移动终端进行网络营销成为可能和可行的赚钱方式。

2.2 时间碎片化成为时代主流

现在，人们每天可以通过手机报、博客、搜索引擎、新闻网站、即时通信等多种方式获取信息。加之现代社会生活的快节奏，使得人们更趋向于利用琐碎的时间间隙获取信息。比如，吃饭时人们会翻看手机，坐公交时会翻开手机，各种等待时会翻开手机。人们获得信息的途径如此简单，获得的信息如此之多，这同时也使人们养成了一种习惯：只要一个文档超过20页，人们就没有耐心看完。于是时间碎片化、阅读碎片化、体验碎片化成为了时代主流。

2.2.1 “被”碎片的社会生活

先来看一组数据。

根据腾讯发布的一份涵盖中国各大城市网民的网络使用报告显示：有73%左右的网民会在等人的时候用手机上网，有68%左右的网民会在公交车或是地

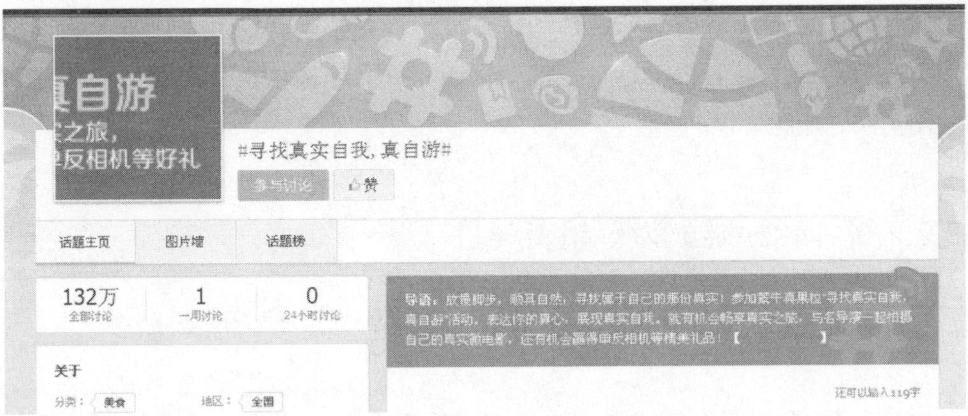

铁里用手机上网，有57%左右的网民在晚上睡觉前用手机或Pad上网。

可以看出，移动互联网正无孔不入地填充着我们生活里的碎片化时间。本来，用智能手机等移动终端上网只是一种对PC端互联网的补充，是上下班途中的消遣，但随着这种碎片化上网的时间不断增多，我们越来越习惯于从移动终端上网。人们上网习惯的改变从根本上造就了移动互联网时代的种种特殊性。

也许你已经发现自己正在变得越来越没有耐心：没有耐心读完一本书，总是看几页就丢；没有耐心看完一整部电影，总是要按快进键……与此相对应的是，我们总是不由自主地拿起手机，拿起Pad，打开微博看看新鲜事，打开微信刷刷朋友圈，再用Pad看看新闻，玩玩游戏……就这样，一个晚上过去了。

这种变化正是移动互联网时代带给我们的“碎片式”生活体验：时间碎片化、信息碎片化、体验碎片化。当然，企业的营销思路也要顺应这种碎片化。

随着各种移动终端以及移动互联网的发展，人们的阅读、娱乐习惯早已从一屏转向了多屏。从前那种守着电视机就能过一个晚上的时代早已一去不复返。有调查数据显示，只有约10%的网民在看电视时从不查阅手机，绝大部分人都是同时使用两屏、三屏甚至四屏。

这种多屏互动的习惯使得他们在每一屏上花的时间和注意力都被切割成

了碎片式的，因此移动互联网营销也要更加强调精准和细分，在各个碎片式的营销接触点上与消费者进行高效地沟通，只有这样才不会被新一代移动互联网消费者所抛弃。

2.2.2 碎片化缺憾成为营销新契机

最后，通过一个案例来介绍一种基于时间碎片化的营销新思路：

2013年5月，蒙牛真果粒在新浪微博和腾讯微信上同时开展了一场名为“寻找真实自我，真自游”的活动。该活动的规则很简单，用户只需要拍摄并上传一张与“展现真我”主题相关的照片即可。由于活动参与门槛很低，参与方式方便，主题贴近用户生活，加上活动设置的单反、旅行套装等诱人奖品，所以很快便吸引了超过150多万热心网友参加，仅新浪微博就有超过80万的转发量。

这次营销活动值得我们借鉴的地方有：第一，简化活动参与方式，最大限度节省用户时间；第二，巧妙设置活动主题，用“寻找真我”来引起在碎片化生活里渐渐迷失的用户的共鸣，同时还符合蒙牛真果粒的产品卖点：“真”。这个案例也告诉我们：时间碎片化给移动互联网用户带来的除了高效和方便，还有遗憾与缺失。而无论前者还是后者，都能成为企业进行营销策划的重要参考方向。

2.2.3 整合碎片时间，营造完整体验

我们知道，营销传播的本质其实是对消费者时间的“抢占”，谁能抢占更多的时间，谁就能取得更好的营销效果。当消费者的时间变成一块块碎片时，企业就要学会改变思路，用各种方法高效地利用起这些碎片时间，并通

过不同营销渠道，不同营销手段将这些碎片时间拼接在一起，给用户一个完整的营销体验。

一、用户时间有限，营销突出亮点

移动互联网用户的碎片时间有限，他们停留在你的营销页面的时间很短，如果你提供的产品、服务及其显示方式不能最快地抓住他们的心，那他们一定会在第一时间挪开自己的眼睛。而且，移动互联网用户的时间虽然变成了碎片式的，但他们的记忆却具有较强的延续性，同样一个广告，如果他们第一次浏览之后发现不喜欢，那当这个广告再次出现时——哪怕做了一些调整，他们都会迅速回忆起上次的选择结果，并相信自己的选择，再次忽略它。这种规律使得企业做移动互联网营销的难度变得更大。

为了迅速抓住用户，你的营销内容必须突出亮点。以“全球健身中心”的一条推广睡前瑜伽的微博为例，其微博正文一上来就以“绝”“失眠粉碎机”等字眼吸引住受失眠困扰的用户，并以简短的语言、精炼的步骤在140字以内清楚地介绍睡前瑜伽的做法，并配上详细的动作流程图。让用户感受到它的专业。该微博仅发出一小时就获得上千的转发。

困难往往催生的是质变。要想掌握移动互联网用户千奇百怪又变化万千的口味，就需要彻底地更新自己的营销思路，并学会使用相应的新技术。建立碎片化营销思维，利用大数据搜集、分析移动互联网用户信息和喜好，采用O2O（线上到线下）的互动方式将他们的碎片时间串联在一起，虽然移动互联网用户的时间是碎片化的，但

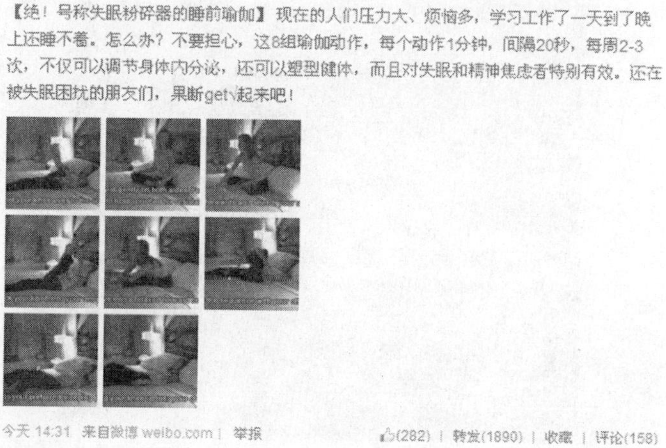

他们的需求却依然是完整的，你的企业要做的就是用上述思维和手段还原、开发出他们的真实需求，甚至为他们打造一个专属的个人货架。

二、用户口味多变，营销更要形式完善

碎片化时间带来的是移动互联网内容的改变。原本风靡一时的博客渐渐被内容更加短小精悍且有趣的微博替代，原本一条条内容详实的手打短信也被微信的即时语音聊天功能所取代，从前人们从报纸专栏和专家博客上学习专业知识，现在人们只要打开种类繁多的手机App就能获得各行各业的新鲜、专业资讯。用一句话概括：移动互联网时代的主流内容的特点就是：短小精炼、新鲜有趣和传播迅速。这就要求企业在进行营销策划时，更加注重文案和创意水准。

以“去哪儿网”的微博为例，其微博的促销信息除了充满诱惑力的文字，还常常配有精美图片和旅行视频，让用户能够全方位地了解活动内容。

同时，为了整合用户的碎片式体验，去哪儿网不仅在微博上做营销推广，其微信公众账号、百度贴官方网站等也都同步进行宣传。这种多形式、多方位的营销策略促使用户认真思考自己是否具有相关需求。

以左图为例，去哪儿网抓准“五一”假期，推出“五一免房节”活动，用多种形式渲染其互动促销

的劲爆程度。很快便获得数万转发量，更有许多粉丝留言：“本来‘五一’打算宅家里的，看到这个活动有点蠢蠢欲动呀！”

移动互联网时代，在内容上鞭策企业的不只是内容自身的特点，还有内容提供者。移动互联网时代是一个自媒体时代，人人都有机会发言，人人都能成为传播热点，也就是说，人人都有机会成为优质内容的提供者。为此，企业要以内容吸引关注，进而开展营销活动，不仅要和同行竞争人气，甚至还要和自己的潜在客户“抢粉丝”。为了从一般的自媒体当中杀出一条血路，企业需要学会升级自己的内容形式，从文字到图片，从图片到动图，从动图到视频……发挥自己的资源优势，全面提升你提供的内容的等级，这样才能在争夺消费者碎片化时间的内容战役中占得先机。

三、用户无处不在，营销随时随地

碎片化时间消除了传统营销的时空限制。时间上，一天24小时都有人在浏览移动互联网；地点上，从家里到公司，从公交车上到餐厅里，几乎每个地方都有人在使用移动互联网。这种改变使得传统的营销时空规律不再具有适用性，这其实是一种巨大的机遇，因为这表明，你的营销活动不仅可以随时展开，还可以得到即时的响应。从前做营销活动往往需要进行长期的筹备，需要拉人气，需要安排人手，需要核算成本……移动互联网时代的营销活动大多在网上展开，一个微博促销活动只要策划得有新意，有诱惑力，可以在微博发出去的几小时内吸引几十万，上百万人的注意。也就是说，移动互联网时代的营销门槛被大大降低，营销效果却得到了大幅提升。当然，这也意味着竞争会变得更加激烈。

总之，碎片化时间全面而深入地影响着移动互联网营销。它既是移动互联网营销得以产生的根本原因之一，也是移动互联网营销能够发挥作用的重要落脚点。企业需要深入地考量时间碎片化之于用户的意义，才能精准地把握营销方向。

2.3 移动互联时代，同样要打口碑牌

口碑营销是一种传统的营销模式，这种营销模式以其诚信的特点流传至今，世界各地各国各个时代的商家们通过口碑营销创造了一个又一个的商业神话，时至今日，这种营销模式依然保持着经久不衰的魅力，甚至是在移动互联网时代，口碑营销依然保持着其鲜活的魅力，依然是移动互联网营销不容忽视的一种营销策略。

2.3.1 摸准消费行为的脾理

一般情况下，消费者购买决策过程由引起需要、收集信息、评价方案、决定购买和购后行为五个阶段组成。很明显，购买过程往往在购买行为发生前就开始了，并且在购买后还要延续很长一段时间。对于营销人员来说，决定购买是导致购买行为的关键，但前三个阶段都能影响到购买决定阶段，即整个购买决策过程的阶段是环环相扣的，因此，营销人员需要关注的是整个购买过程，而不是只单单注意购买决定。

在定性调查中我们发现，通常消费者获取信息的来源有四个：朋友推荐、网络口碑、广告及大众媒体宣传和销售员讲解。网络口碑在大多数消费者的决策过程中都占据了重要的地位。对于大多数消费者来说，他们参考的信息来源，首先是朋友的推荐，其次是在网上查询品牌或者产品的消费者评论，广告及大众媒体的宣传主要是提高了品牌知名度及普及了产品知识，而销售员的讲解的重要性是最低的，往往在这个时候消费者已经做出了自己的购买决定。

根据传统营销理论，再结合移动互联网市场的特点，我们将移动互联网

消费者的购买决策分成了6个环节：引起需求、知晓品牌、形成初步方案、评估初步方案、确认购买方案和购买后行为。

那么，企业最在意的网络口碑是怎样影响购买决策过程中的各个环节的呢？经过调查统计，我们可以看到，网络口碑对于消费者“知晓品牌”和“确认购买方案”这两个步骤的影响最为显著，有56.3%的被访者通过网络口碑了解了品牌信息，58.7%的被访者通过参考网络口碑做出了购买决定。有趣的是，在购买之后，消费者对网络口碑依然兴趣浓厚，有47.5%的被访者在购买之后仍然会上网查询网络口碑。

在定性研究中我们发现，在购买后阶段，消费者主要通过网络来分享交流使用经验，如果品牌可以适时地与消费者进行互动，引导他们分享购买后的体验及表达新的衍生需求，会为企业的新产品开发、品牌营销沟通带来很多裨益。这也是打造网络口碑的一个重要环节。

2.3.2 网络口碑营销步骤

通过种种案例，我们可以知道，网络口碑是一个能够影响到移动互联网消费者购买决策全过程的重要因素。那么在打造良好的网络口碑过程中，企业通常会采取哪些步骤呢？

一、进行产品分析和关键词定位

移动互联网口碑的基础是搜索热度，搜索热度的基础是搜索关键词。为了找到最适宜推广的产品关键词，企业最开始需要分析自家产品属性、功能、定位以及特色等，总结出最能引起口碑效应的卖点。在此基础上，结合关键词的当前热度与可传播性，选取最有效的宣传关键词。

在欧洲，Mini早已成为小巧型汽车的标签。但在中意大排量的美国，这款小小的Mini就鲜有人问津。所以，为了在美国树立品牌，开拓其市场，Mini将自己的卖点定位在“省油”和“便宜”两方面，刻意不提自己的“小”。这种定位抓住了普通美国人的实惠心理，很快便打开了局面，Mini

在美国的销量甚至超越了英国。

二、文案升级，全面优化关键词

有了关键词，下一步就是优化口碑的内容要素，如关键词匹配度、关键词密度，甚至关键词与品牌词的文字位置摆放，软文的篇幅、段落以及叙述结构等，使你的文案内容更加具有可读性，这将进一步为你的产品印象加分。

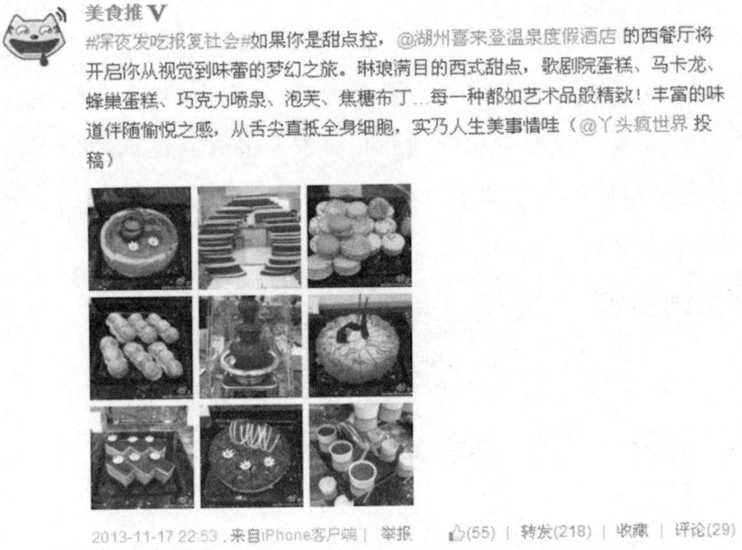

“深夜发吃报复社会”就是微博上十分火的关键词，很多“吃货”都会在晚上10点以后参与这个话题的讨论，有的发图片炫耀，有的则去图片下面吐槽。这种做法吸引了很多餐饮企业的关注。

三、选择最佳渠道，进行内容投放

有了宣传内容，下一步就是选择合适的渠道进行投放。移动互联网有三大入口：移动浏览器、移动App应用（二维码也属于此类）和移动搜索。如何抢占这三个入口，并根据自己产品特点选取最适合的渠道进行深度推广，是企业需要考虑的第三步。

移动搜索竞价是最主要的移动互联网广告投放渠道之一，移动互联网

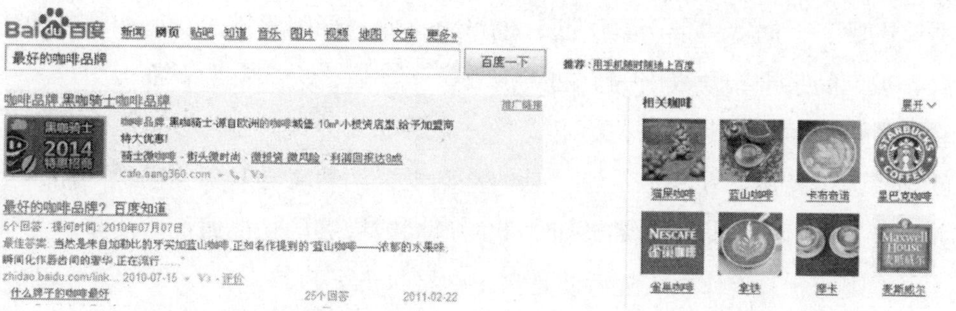

用户的一大主要特征就是随时随地去搜索自己喜欢的东西。以上图为例，当移动互联网用户想喝咖啡时，他要做的第一步很可能是搜索一下“最好的咖啡品牌”，然后根据结果在手机地图上搜索一下附近有没有这家咖啡店。因此，有远见的咖啡企业就会在移动搜索端竞价，好让自己的企业信息尽量出现在靠前的位置。

四、进行效果追踪，及时优化结果

内容投放后企业需要及时跟进整个市场反馈，这对消费者的“评估初步方案”和“确认购买方案”两个购买步骤影响重大。随着大数据时代的来临，企业已经有能力在极短的时间内对自己投放的内容效果进行评估，并及时进行战略调整。

以上四个步骤是大部分企业在进行网络口碑营销时都要经历的过程。需要指出的是，并非消费者做出购买决定后，就一定能做出购买行为。一些未预料的突变形势，以及能左右其决策的他人对该产品的态度等，都能够影响其购买行为的实现。购买行为后，产品或服务的售后，以及使用体验等因素，都会影响着消费者下一次的购买决策，如出现负面情况，甚至还会导致退换货或投诉等不良后果。这些也是网络口碑的重要组成部分。

2.3.3 口碑营销特例：饥饿营销

当消费者意识到对某种商品有需要时，购买过程就开始了，其需求可由像饥饿、干渴等内部因素引起，也可由一些外部因素激发，比如他人的建议、被产品某个特性吸引等。购买需求被激起后，大多消费者都会去寻找一些关于该产品或服务的相关信息，这时亲朋好友的口碑相传以及广告等因素就会成为信息源。在获取足够信息的基础上，消费者会对那些候选产品、服务或方案进行系统地比较和评价，此时产品或服务的功能属性、质量、品牌等因素则起着关键作用，随后便是实施购买行为了。

由此，我们发现，如何激起消费者的购买需求也是口碑营销的关键。在此基础上，很多企业效仿苹果，施行“饥饿营销”：你的产品不见得是最好的，但一定是最稀少的。纵观各种营销手段，“饥饿营销”在移动互联网时代是最容易引起话题和热议的方法。作为饥饿营销的“鼻祖”，苹果公司就十分擅长使粉丝们感觉“饥饿”，并据此催生关注和口碑。

每次新品上市之前，苹果公司都会伺机放出大量似是而非，又吊胃口的信息：各类“谍照”、内部人士信息，当然也包括制作精美却又对产品内容点到即止的广告。所以，苹果产品在发布过程中全程都受到高度关注和议论，在移动互联网上一直保持高搜索率。此时，苹果只需要在网上用水军发起诸如#排队抢购苹果#的活动，就能引起一大批跟风的粉丝。

以iPhone4s为例，由于之前的热炒加预定模式，所以上市三天，销量就达到400万部。而在中国上市后没多久，苹果立即宣布旗下多家门店断货。因此其价格也一路飙升，在国内很多城市，苹果的授权渠道都在加价出售iPhone4s，

提价500到1500块不等。即使这样，也有很多人有钱也买不到。其实公众很清楚，相比iphone4，iPhone4s的改进并不明显，但正是由于苹果的前期炒作加上乔布斯的突然逝世，再加上上市后利用饥饿营销使得人们对iPhone4s趋之若鹜，所以才创造了iPhone4s的销量奇迹。

苹果有没有刻意进行饥饿营销我们无法断言，但可以确定的是，每次苹果发布新品，的确有许许多多的粉丝去各地苹果店面通宵排队等待购买。他们的这种“疯狂”行为，加上购买到之后迫不及待的炫耀，都是对苹果潜在用户的巨大吸引。

的确，越多的人在搜索、等待你的产品，就必定能造成越多的话题和口碑传播。因此，聪明的企业都要懂得不让自己的产品泛滥，并把握好产品上市的节奏与整个营销流程，让每一个时间节点都充满诱惑。

2.4 用户体验至上，人人都是VIP

当今社会经济飞速发展，物质极度丰富，消费者的需求也日趋差异化、个性化、多样化，而消费者的价值观与信念也在迅速转变，他们的关注点也由对物质的实用价值向情感性利益转变。为此，作为现在主流的营销模式，移动互联网营销也必须在营销推广的同时，更加关注消费者体验，只有抓住了消费情感需求，才能更好地推动营销。

2.4.1 星巴克的“咖啡宗教”

无论是在过去还是在移动互联网时代，做营销的第一原理依然是最大限度满足客户的需求，给用户最好的消费体验。以擅长体验营销的代表“星巴克”为例：

星巴克董事长兼CEO霍华德·舒尔茨认为：星巴克的产品不单是咖啡，还有咖啡店的体验。舒尔茨在美国推行了一种全新的“咖啡生活”：“星巴克是人们的第三个场所，第一个是家，第二个是办公室，星巴克则介于两者之间。在这里呆着，让人感到舒适、安全和家的温馨。”

为了营造“舒适、安全和家的温馨”，星巴克选择了“小店+大规模”、多网点覆盖的方法。星巴克的每个小店都有时尚且雅致的环境，豪华却不失亲切。星巴克店内经常播放一些爵士乐、美国乡村音乐以及钢琴独奏等，这正好迎合了那些时尚、新潮、有品位的白领阶层的喜好。他们每天面临着巨大的生存压力，迫切需要精神安慰，这种音乐恰好起到了舒缓压力的作用。

除了听觉享受之外，星巴克还为顾客提供了嗅觉享受。重烘焙极品咖啡豆是星巴克味道的来源，加上“四禁”政策（禁烟、禁止员工用香水、禁用化学香精的调味咖啡豆、禁售其他食品和羹汤）力保店内充满咖啡自然醇正的浓香。视觉享受方面，星巴克则主打咖啡制作四大阶段衍生出的以绿色为主的“栽种”；以深红和暗褐系为主的“烘焙”；以蓝色为水、褐色为咖啡的“滤泡”；以浅黄、白和绿色系诠释咖啡的“香气”。另外，灯、墙壁、桌子的颜色从绿色到深浅不一的咖啡色，也都尽量模仿咖啡的色调。随着季节的不同，星巴克还会设计不同的海报和旗标来装饰店面……

在消费者需求的重心由产品转向服务，再由服务转向体验的时代，星巴克成功地创立了一种以创造“星巴克体验”为特点的“咖啡宗教”。人们来到星巴克，可以摆脱繁忙的工作稍作休息，或是约会。人们每次光顾咖啡店都能得到精神上的放松或情感上的愉悦。有相当多的顾客一月之内十多次光顾咖啡店，这就是星巴克体验式营销成功的最好证明。

2.4.2 压迫自己，释放用户

如何强化与消费者的互动，优化消费者体验，打动消费者的心也是移动互联网时代企业营销胜出的关键因素。基于智能手机等移动终端开展的移动营销拥有互联网营销所不具备的即时交互、位置化等特色，这将成为体验式营销的全新方式。

移动互联网使得用户能够在移动方式下获取海量的内容。当无限的内容以有限的碎片化的方式呈现在移动互联网用户面前时，用户必须做出选择，而这只能通过差异化的体验结果来区分。移动互联网用户只会选择最优质的内容，选择最好的服务体验。为此，产品生产者需要不断在细节上逼迫自己做到最好，以此来最大程度上释放用户的体验快感。

马化腾在腾讯研发部“产品设计与用户体验”的内部讲座中向其员工强调：“要把自己当做一个挑剔的用户。我们做产品的精力是有限的，交互内容很多，所以要抓最常见的一块。流量、用量最大的地方都要考虑，规范到要让用户使用得舒服。要在感觉、触觉上都有琢磨，有困惑要想到去改善，如鼠标少移动、可快速点到等。像邮箱的‘返回’按钮放在哪儿，放右边还是左边，大家要多琢磨，怎么放更好，想好了再上线测试。对同一个用户发信，在此用户有多个邮箱的情况下如何默认选最近用的一个账号。这些需求都小，但你真正做出来了，用户就会说好，虽然他未必能说出好在哪里。”

的确，移动互联网用户只关心自己的用户体验，而不关心这种体验好在哪里，以及你付出了多少努力。因此，这要求企业为了完成一个产品，完善一项服务，在投入足够的资源成本的同时，还要花费足够的心思。

2.4.3 掌握用户的需求类型

要想为移动互联网用户提供最好的体验，光有心思还不够，还需要详细地了解用户的体验需求。腾讯智慧出版的《虚拟世界真实信赖解读中国1～4线城市网民的网络使用行为及态度》一书中，通过详细调研发现，网民中存在5种不同类型的用户，他们有着明显差异化的个性需求：

一、交流依赖型

用户年龄相对较轻，主要分布在我国的四线城市，职业以学生、自由职业者和普通企业职员为主。网络对他们而言所起到的主要作用是交流沟通，满足情感联系的同时，进一步了解世界、开阔视野，为自己的事业进步增加新机会。在生活价值观方面，他们具备充实自己和为梦想而努力的心态，并为此付诸行动。他们最经常使用的网络应用是即时通信工具。

二、社交依赖型

用户多居住于一线城市即北京、上海、广州、深圳等经济发达的城市，多为收入偏高的中层管理者。他们是大都市里典型的忙碌一族，面临着来自生活、工作等各方面的巨大压力，有强烈的好胜心，追求高品质的生活及大品牌带来的满足感。在繁忙的工作和生活之余，他们热衷于在社交网站和圈子内与朋友展开各种互动活动，如玩玩益智小游戏，看看朋友的微博等，放松身心。

三、交易依赖型

25～34岁群体是这一型的主体。在职业上，处于中层管理者和专业人士的比例明显更多，收入水平相对较高。日常工作的忙碌让他们追求简单、便捷、足不出户即可实现一切的高效生活，生活态度务实而踏实，依赖品牌、注重体面和内在品质。这些人是典型的网购人群。由于具有高度的务实主义精神，他们对网购的方便性非常重视，网民口碑是他们做出购物决定的重要参考。

四、信息依赖型

一线城市用户在这类人群中比例较高，中年人居多，事业发展良好，多为中层管理者、专业人士和自由职业者。他们非常希望通过网络实现自我工作能力的提升，最常使用网络收发邮件、使用搜索引擎及阅读新闻资讯类内容。这类人希望通过网络这个窗口开阔视野，乐于通过网络解决现实生活里遇到的各类问题。

五、消遣依赖型

这一型中来自四线城市的用户比例相对较高，人群偏年轻。具有“娱乐至上”的生活态度，大部分时间都在网上度过，他们就是传说中的“网虫”。不甘于平淡的他们，喜欢在搞笑视频、网络游戏里寻找刺激和成就感。

深入地了解上网用户的需求类型有助于企业做出正确的营销决策，以上五种类型只是一个大致的分法，我们正要进入快速拥抱每个用户的时代，每个人都有自己的个性需求，人人都希望享受最好的上网体验，人人都希望成为VIP。所以，亚马逊和淘宝已经开始为每个用户设置不同的个性化首页及推荐页面，而随着移动互联网的不断发展，这种个性化服务将越来越多。

早一步开始自己的移动互联网个性服务布局，就能早一天收获丰硕的果实。正如陈春花教授所言：“顾客的变化是一个根本的事实，大多数的企业已经确认这一点，但是光有这个认识还不足够，我们还需要清楚围绕顾客变化所要做的努力如何展开，这就要求企业能够围绕着顾客思考，来选择自己的企业战略。”

2.5 大数据与移动互联网

随着移动互联网的普及，广大移动终端客户不仅是各种信息的受众，同时也是各种信息的制造者与传播者，甚至有人把如今这个时代称为“自媒体时代”。而自媒体时代最典型的特征就是信息的急速激增和数据大爆炸，然而这些巨大的数据并非毫无用处，相反其中蕴含了无限有价值的信息和商机。

著名未来学家阿尔文·托夫勒在《第三次浪潮》一书中，将大数据热情地赞颂为“第三次浪潮的华彩乐章”。甚至可以说，在大数据时代，创造数据的用户便是产生金矿的原材料，而数据就是金矿。

2.5.1 移动终端助推大数据的生产

据加拿大帝国商业银行预测，信息增长在未来十年将增加50倍，美国著名的市场研究公司IDC也同样预测，在2009—2020年间数据量将有44倍的增长，而在这次大增长中，移动、社交、可穿戴设备和物联网将扮演很重要的角色。

市场研究公司ABI Research（商业信息摘要研究）称，预计2014年全球智能手机出货量将达到12.5亿部左右，并将在2018年突破20亿部大关。同时该研究还表示，智能手机出货量在2014—2019年期间的混合年增长率将达12%。

ABI Research的高级业务主管尼克·斯宾塞说：“虽然智能手机增长速度已经开始下滑，但是增长速度仍然很快。从全球范围来说，智能手机的渗透率还没有达到30%。大多数先进的市场和有影响力的市场的智能手机渗透率已经超过60%。”

而随着移动终端设备的普及和在各个行业的渗透，必将改变用户的生活和消费模式，其产生的数据也能给其他工作在后台的服务带来帮助。从技术上讲，消费者将会生产越来越多的数据，而他们所到之处所产生的信息都可以用数据的形式来记录，甚至有时看上去人们并未使用手中的电话，但实际上仍然创造了大量的数据。

那么大数据究竟是怎样产生的呢?

1. 物理世界的信息大量数字化产生的。

例如，超级市场将客户进入超市的路线、时间、选购的货物等信息数字化；再比如，一些门户网站将互联网用户对信息的搜索频率、相关信息的搜索等信息数字化，以及一些网络论坛将网友发布的信息，注册信息等进行数字化。

2. 社交网络产生的。

进入Web2.0时代（其时代特点为：大家可以相互沟通，用户不仅可以浏览信息，也可以是信息的发出者），用户数大量增加，用户不仅会在注册一些社交网站时提交丰富的个人资料，而且可以在网站上发布各种信息。不仅如此，随着移动终端设备的出现，用户不光可以随时随地在网上发布信息，还可以和自己的社交圈进行实时互动，因此就会有大量的数据产生出来，并具有极其强烈的传播性。

3. 数据都要保存所产生的。

由于很多网站在早期对数据的重视程度不够，加之保存数据的代价很大，存储设备的价格昂贵，因此，之前数据保持相对有限。如今时代变了，存储设备便宜了，而且数据存储的价值也得到大家的认可和重视，因此越来越多的数据被持续保存。

而大量的数据产生的价值又在何处呢？

2.5.2 大数据产生的价值

大数据有四个基本属性：大量、多样、高速和价值。数据除了获得和存储之外，要让它更有意义，就需要人们去管理和分析，并从中挖掘价值，只有这样才能更好地用大数据服务于移动互联网，并进一步推动网络营销的创新。

有不少懂得数据分析价值的营销专家都知道，一个拥有许多粉丝的企业就应该及时统计、分析其粉丝的组成、喜好以及潜在需求，以此为基础展开以粉丝为消费群的营销运作。这样做的好处显而易见：一、不容易引起反感。移动互联网时代一切都讲究价值，如果一个企业打出的营销牌不能满足用户的价值需求，就会被用户轻易地忽略。而数据分析会增加企业的营销经精准度，让企业提供的信息更符合用户的胃口。二、可以做到持续营销。数据越是经过积累越有价值，企业可以定期向消费者发送他喜欢或需要的信息，通过得到的反馈不断优化数据分析结果，这样企业的营销就能做到持久有效，甚至是越来越有效。

数据分析发展到一定的地步，就成了现在热门的“大数据”。大数据(big data)又叫巨量资料，它严格的定义指的是所涉及的资料规模巨大，无法通过目前主流的工具进行有效地处理，需要通过数据分析等新的处理模式才能发挥其强大的洞察力、决策力和优化流程的能力。

早在1980年，著名社会思想家阿尔文·托夫勒就在《第三次浪潮》一书中将大数据形容为“第三次浪潮的华彩乐章”。不过，直到2009年左右，“大数据”才真正成为互联网信息技术行业的流行词汇，进入大众的视野当中。

美国互联网数据中心的资料显示，互联网上的数据每年保持50%左右的增长，每两年就会翻一番，而目前世界上90%以上的数据都是最近几年才产生的。这意味着企业每天要处理的信息将会越来越多，而且，对企业的营销决策来说，它要统计并分析的数据还不仅来自互联网，门店的统计数据、汽车等交通工具的位置数据、甚至于与人们出行相关的天气数据等，都是企业在做营销时需要搜集和分析的。任何一个微小环节数据的缺失，都可能使最终的计算结果失去参考价值。

由此可见，大数据及其对应的新算法、新技术必将成为未来的发展主流，甚至可以说，大数据就是“正在发生的未来”。这点对移动互联网营销来说尤其关键。聪明的企业应该学会从现在开始就着眼于移动互联网用户信息的搜集与分析，而不是等到别的企业早已通过其信息积累与大数据计算进行了无数次精准营销后，自己还在摸索怎么编撰营销软文。

2.5.3 大数据的营销价值

基于移动互联网的数字化沟通，人们在互联网上所留下的任何痕迹都能产生数据，数据又多潜藏着价值。所以，可以想象，大数据带来的将是全新的营销策略和过程。

试想一下，移动互联网用户每天无论打开哪个网站，都能看到各种各样的广告，其中有的是他不感兴趣的“垃圾广告”；有的是他感兴趣，但因为呈现的方式不符合他浏览习惯而被忽略的；有的则恰好既符合他的兴趣，又用最适宜的方式让他注意到了。你说他会选择查看什么样的广告呢？答案不言而喻。而要想达到第三种营销，就必须有大数据的支持。

其实，这还只是大数据“十八般武艺”中的小小一个。大数据不仅可以帮企业用最好的方式将广告呈现给用户，它还能从海量用户里找到能为企业带来最大利润的那部分，它甚至还能为企业应该如何开发和有效地管理好这部分客户提供帮助。

所以，大数据将带来企业销售额的增加，带来企业投资回报率的增长，几乎是必然的。下面我们一起看看《纸牌屋》是如何通过大数据分析进行营销，并取得丰厚利润的。

美国电视剧《纸牌屋》的成功播出可以说让全世界的文化产业界都意识到了大数据的力量。这主要是因为电视剧《纸牌屋》从构想、策划、拍摄，以及演员的选择等方面都是建立在大数据分析的基础之上。

《纸牌屋》的数据库包含了3000万用户的收视选择、400万条评论、300万次主题搜索。该电视剧在拍什么、谁来拍、谁来演、怎么播等问题的决策上，都是以分析了数千万观众的客观喜好的统计数据为基础的。而且从受众洞察、受众定位、受众接触到受众转化的每一步都由精准细致高效的数据分析做引导，从而真正实现了由用户需求决定生产。

该电视剧播出之后，其出品方兼播放平台Netflix公司在一季度新增超300万媒体用户，第一季财报公布后股价狂飙26%，达到每股217美元，较之前一年8月的低谷价格累计涨幅超三倍。这一切都源于《纸牌屋》的诞生是从3000万付费用户的数据中总结收视习惯，并根据对用户喜好的精准分析进行创作的。

如今，随着互联网以及社交媒体的发展，人们在网络上留下的数据会越来越多，而面对这些海量数据，越来越多的企业希望通过多维度的信息重组以谋求各平台间的内容、用户、广告投放的全面打通，并通过用户关系链的融合，网络媒体的社会化重构，在大数据时代下取得更好的社会化营销效果。

但需要注意的是，数据的增长速度要远远大过于市场的扩张速度。也就是说，大数据的应用前景是无限的，但市场却始终是有限的。所以，谁先一步利用大数据积累营销信息，开创新营销方式，占领移动互联网营销高地，谁就能早一步立于不败之地。

2.5.4大数据使精确营销成为可能

广告界有一句很流行的说法："我知道我的广告费有一半浪费了，但是我不知道是哪一半"，这句话生动形象地道出了很多广告主的无奈，即明知广告浪费资金却又无能为力。然而在互联网时代，这个问题在部分领域已经可以得到解答。

传统的广告投放模式主要是主从模式，不是点对点模式的。其模式就像一个"老师"（产品）要面对很多行为不固定的"学生"（消费者等受众）。"老师"很认真，却总是抓不住多数"学生"，以至于把99%的精力（广告费）都扔了。然而随着大数据的发展，这些被浪费的钱都可以被重新收回。

现在，依托各种 IT 技术及相关工具，众多广告主可以得到访客访问互联网网页、移动应用行为的精确的数据分析报告，通过该报告，企业就能轻松实现广告投入的精准度。

这其中，时下热门的大数据技术担当了重要角色。事实上大部分从事数据分析服务的公司早已经开始利用了这一新兴技术抢占了市场先机，其中就包括像谷歌、Yahoo、Facebook 等互联网巨头公司，更有数不胜数的初创或者新兴公司。

在精准营销理论中，客户洞察是精准营销的第一步。企业从大规模制造过渡到大规模定制，实现精准营销，必须掌握用户的需求特点，必须基于通信行为、上网数据等，对客户行为特征进行洞察。这些特征往往是从用户在不经意的行为中透露出来的信息中总结而来的。通常是通过对用户信息进行关联、参照、聚类、分类等方法分析，从而得到有价值的用户行为分析。

基于用户上网次数、流量、时间段等属性，可以给用户兴趣点贴上明确、合理的标签。针对较少上网的用户，可以通过已经标记标签用户的基础数据特征（如年龄、性别、流量、终端等基础资料），使用数据挖掘工具和方法，利用历史数据生成用户基础数据特征与偏好的对应关系的模型，来近似预测其偏好标签。针对用户上网的不同风格，可把用户的偏好分为多种类别，以应对即时营销等不同的营销需要。

目前，这种基于对客户信息的数据分析已经在现实生活中有了广泛的应用。其中，包括沃尔玛、家乐福等知名企业的一些主要门店已经安装了搜集运营数据的装置，用于跟踪客户活动、店内客流和预订情况。研究人员可以对店内商品摆放方式、种类变化、店内装饰设计以及导购意见等对物流和销售额的影响进行建模。之后，企业可将这些数据与交易记录结合起来，并利用大数据工具展开分析，从而在销售哪些商品、如何摆放以及何时调整售价上给出意见，此类方法已经帮助这些领先零售企业减少了17%的存货，同时增加了高利润率自有品牌商品的比例。

比如在美国沃尔玛大卖场的一个案例：当收银员扫描完顾客所选购的商品后，POS机上会显示出一些关于该付款客户的消费习惯、爱好与该商店新增产品的信息，然后售货员会友好提醒顾客："我们商场刚进了两三种您平时最喜欢的产品种类，而且正在促销，位于B6货架上，您要购买吗？"这时，顾客就有可能会说："啊，谢谢你，我正想要，可是刚才一直没找到，那我现在再去买。"

从沃尔玛的案例中，我们不难看出，随着计算机技术和网络的不断发展，大数据分析业务将对企业的持续快速增长起到非常重要的推动作用。

美国国际数据公司IDC的研究结果表明，2011年全球产生的数据量高达1.82ZB，也就是说全球每人产生的数据多达200GB以上，未来几年全球数据量将以高于40%的速度增长，到2020年全球总数据量将达到35ZB。

从上述一串数据中，我们不难看出，大数据时代已经到来，而且随着数据日益凸显出来的价值，大数据将成为企业的重要资产。

Gartner公司认为：大数据是大量、高速、多变的信息，它需要新型的处理方式去促成更强的决策能力、洞察力与最佳化处理。大数据为企业获得更为深刻、全面的洞察能力提供了前所未有的空间与潜力，同时为企业实现精确营销提供了可能。

虽然大数据展示了非凡的前景和巨大作用，不过，大数据营销仍面临不少问题与挑战。首先面临的就是技术难题。毕竟大数据技术尚处于活跃前期，各方面技术并不太扎实，各项工具需要进一步完善。但实际情况是，真正启动大数据营销，来真正地挖掘那座数据金矿的企业，面临的不仅仅是技术和工具问题，更重要的是要转变经营思维和组织架构的问题。

第3章

微博营销：互联网营销的大本营

随着微博的异军突起，这种信息交流方式不仅改变了人际互动方式，还形成一股强劲之力，催生了新的商业模式，改变了品牌与消费者的沟通结构，并正在重塑行业行销环境。最近两年，“微博”应用已经迅速渗透到中国的方方面面，从政府到公众、企业到消费者、个人到个人，都是微博信息交流的体验者与构建者。随着微博的火热，微博营销也应运而生了。鉴于微博用户的巨大基数，可以说微博营销已然成为了移动营销的大本营。

3.1 在微博帝国里开拓营销沃土

微博作为每次发布都不超过140个字的微型博客，早已是当下人们表达自己，传播思想，吸引关注，与人交流的最快、最方便的网络传播平台。创新工场董事长兼CEO李开复曾兴奋地总结道："看一看新浪微博、腾讯微博的名人榜上，动辄以数百万计的粉丝数量吧，看一看以微博为媒介的各种热点事件吧，无论怎样夸张的形容都不过分，微博已经成为了全球最具活力的社会化新媒体！"

微博的火热，催生了与之相关的营销方式，就是微博营销。每一个人或企业都可以在腾讯、新浪、网易等微博服务商处注册一个微博，可以每天更新微博，跟大家交流想要推广的信息，然后利用自己的微博进行营销推广，这样就可以达到营销的目的。

3.1.1 微博营销的四大优势

一、即时性强：让信息高速飞驰

一条关注度较高的微博发出后，短时间内就能被转发至世界的每一个角落，这种高速传播恐怕任何传统媒体都难以做到。从前，如果你有一件惊天大事要宣布，那召开新闻发布会似乎是不二之选。但在互联网如此发达的今天，你只要把这个消息放在微博上发布，立刻就能引来大量关注，记者也会闻风而动，主动来采访报道。

二、传播力强：信息呈网状扩散

微博简单方便的操作流程让用户随时随地都能发布信息，基本不受周围环境的影响。而微博的传播方式犹如原子核裂变一般，由一个人传给一圈人，由一圈人传给一群人，如滚雪球般瞬间裹挟大量人群，其传播威力可想而知。微博营销的交流方式看似随意，其实用户渗透率更高，传播影响力也更大，这样产生的潜移默化的影响效果要比直白的广告攻势更加明显。

三、精准度高：直击市场最前线

企业可以关注有潜在消费力的微博用户，观察他们感兴趣的活动和话题。同时，企业在微博上保持活跃，也能引来对产品感兴趣的用户的关注。这两部分人都是企业最直接的目标客户，与他们在线沟通就是直接接触到了市场第一线。所以，无论企业是通过微博搜集市场反馈，还是品牌传播，面对的都是更加精准的消费群体。

四、亲和度高：微博是你的笑脸

微博上的交流最好是温情、有趣、生活化的。通过片段式、随机性的发言，不仅可以进行各种企业宣传，也可以对社会热点发表看法，提供售后服务等，尽可能为用户提供帮助，给用户良好的感觉。微博营销某种程度上淡化了企业的商业形象，让企业以倾听者的姿态亲近消费者，从而为彼此搭建了一种沟通的桥梁。

3.1.2 微博营销适宜的企业类型

通过微博营销的几大优势，我们不难发现，微博营销并非大企业的专利，广大中小企业也完全可以参与其中。由于在规模、财力、物力、人力等各方面的劣势，中小企业无法承受电视广告、纸媒营销等大规模高成本的大众营销活动。因此，微博就成了他们的营销天堂。

北京宇祥福晟餐厅通过“螺蛳粉先生”的微博营销就是个很好的小企

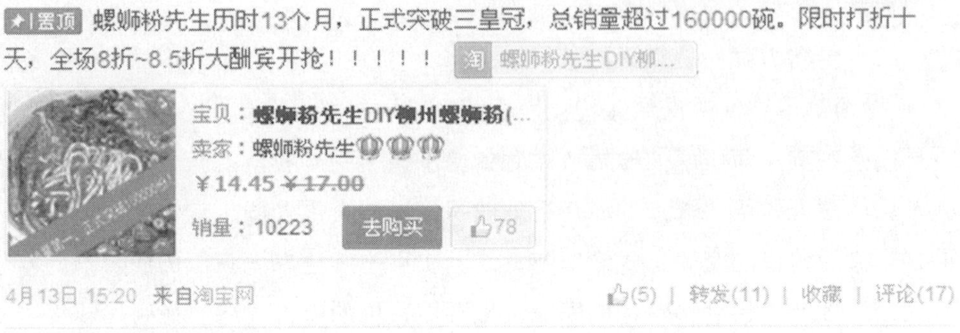

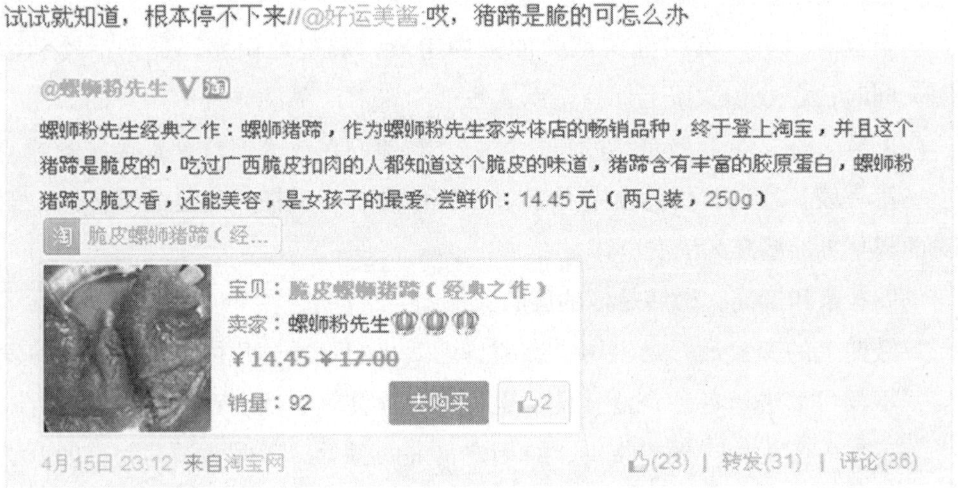

业低成本案例，它的成本仅仅是每天发几条有趣的微博，并及时更新每日餐谱。成本低不代表效果差，通过微博，“螺蛳粉先生”精准地抓住了自己的目标客户，这是一种低成本的精确营销。除了精确定位，“螺蛳粉先生”还成功通过互动与用户之间形成了紧密的联系，从而培养了一大批回头客。

“螺蛳粉先生”的微博会转发粉丝的微博并加一些小提醒、小贴士之类的评论，让粉丝感到这家餐厅的温暖。同时，他还会时不时发一些关于餐厅的好看的或有趣的照片，通过不断增加曝光度来培养粉丝对自己的熟悉度。这些小细节都值得其他中小企业借鉴。

3.1.3 微博营销适宜的客户群体

中国的微博用户正趋向于年轻化。

据李开复在自己微博粉丝群中的抽样调查，中国微博用户平均年龄25.4岁，和中国网民平均年龄差不多。而美国互联网用户平均年龄42岁，Twitter用户平均年龄39岁。用户年龄结构上的差异造成了国内微博平台在发展方式上的中国特色，这也要求做微博营销的企业在营销策略上的年轻化、创意化策略。

中国的微博营销对象是一个会在内部共享信息、行动迅速、桀骜不驯的People2.0消费群体。社群成员同你我相联系，共同组成一个鲜活的有机体，而“血管”里流的，是高速飞驰的信息的血液。若想取得营销成功，就一定要影响这个年轻的、不断变化的群体。所以，这要求企业必须摈弃单方面传播信息的传统营销方式，转而与消费者进行“有温度”的双向沟通。

区区140字，却有上千甚至上万转发量。这就是微博的威力，这是谁也无法忽视的营销天堂。信息碎片化时代的微众，瞬间聚合、瞬间散去；动态实时随机的人际关系网络，开始创造一个又一个奇迹。DCCI互联网数据中心创始人胡延平认为：微内容、自组织、云传播、人媒体、轻公司、快商业……这是移动互联网时代传播营销生态的变化。在这其中，微博之力不可轻视。在这个用户以亿为单位计算的微博帝国里，如何开拓一片属于自己的营销沃土，需要的不仅仅是眼界和魄力，还有策略与技巧。

3.2 用微博网罗SNS时代

移动互联网时代，滚滚信息浪潮不断涌来，一切成也速度，败也速度。今天的营销速度和影响力，能让你和你的品牌平步青云，也能让你和你的品牌直落地狱。这是微博群体的特性，它能迅速捧红你，也能更快地封杀你。他们不仅乐于传播爆炸性的新闻消息，也不排斥吐槽一个企业或产品的缺点。2013年中秋期间，五仁月饼被广大微博用户吐槽难吃，后来甚至演变到全民狂欢的地步，就是经典的例子。

所以，企业要学会在微博上树立一个正面而稳定的品牌形象，主动同消费者沟通，迅速拉拢一大批支持者，并通过长期经营防止他们一哄而散。在SNS（Social Networking Services，即社会性网络服务）时代，也就是数字社群时代，你可以通过社交网络接触到世界上某一特定地方有着特定需求的特定社群。世界已从一个大市场分裂成了很多小市场。我们的工作重心应从死命打广告转变到建立消费社群上面去，使他们能拥护我们的产品，迅速发展壮大我们的社群，并使我们的品牌成为他们生活节奏的一部分。

影响消费者、打造品牌形象的传统方式是建立在卖家与买家的单向交流之上的，而数字社群的影响力则表现在其具有不断思考的集体意志。消费者若认为你是他们的同类，你就有了公信力和影响力。如果他们认为你是一个捕食者，就会抛弃你的品牌。如果想要影响他们，你必须具备三种能力：信服力、协作力和创造力。

3.2.1 营造“信服力”

一、赋予品牌特殊品质，营造品牌偏爱度

当人们将品牌视作他们身份的一部分时，品牌就会凌驾于价格、性能甚至产品本身这些理性因素之上。它是消费者同品牌之间一种情感上的联系。我们的广告再也不能只是描述我们能给消费者带来什么好处，而是要将广告变成一种品牌身份的标志，以便消费群体能以我们的品牌为中心聚拢过来。

企业要建立品牌偏爱度，首先要有一个能影响社交网络的强势、值得信赖的品牌身份，而且要在社交网络中成功找准影响点。接着要树立品牌责任、打造高质量的产品和服务，营造独特的用户体验，并坚持不断创新。还要进一步为品牌赋予一定的品质，要能与消费社群产生一定共鸣，深入消费者的心理。

以中国第一家“轻奢餐”餐饮品牌“雕爷牛腩”为例。雕爷牛腩开业前曾在微博上进行了半年的“封测”活动，广邀京城各界美食达人和影视明星前来试菜，这一做法不仅让普通用户感受到它的高端，甚至也令很多明星心向往之，圈内很多明星都以获得雕爷牛腩的“封测邀请码”为荣。于是，餐厅于2013年5月20日正式营业后，大受追捧。由于利用了微博的高人气，以及对明星效应的准确把握，以至于大家都在微博上热传雕爷牛腩是全北京撞星几率最高的餐厅，这进一步增加了雕爷牛腩的人气。

二、打造企业文化，将信服力落到实处

微博营销不是一场短时的营销活动，而需商家长时间与用户在一起，分享生活点滴，传递产品理念，与用户共同成长，让用户对品牌产生信任，并信赖品牌所蕴含的其一切内容。所有能吸引群体消费者的品牌都具有一种共同特征：企业文化，一个将品牌视为工作中心的企业文化，一个让品牌根植

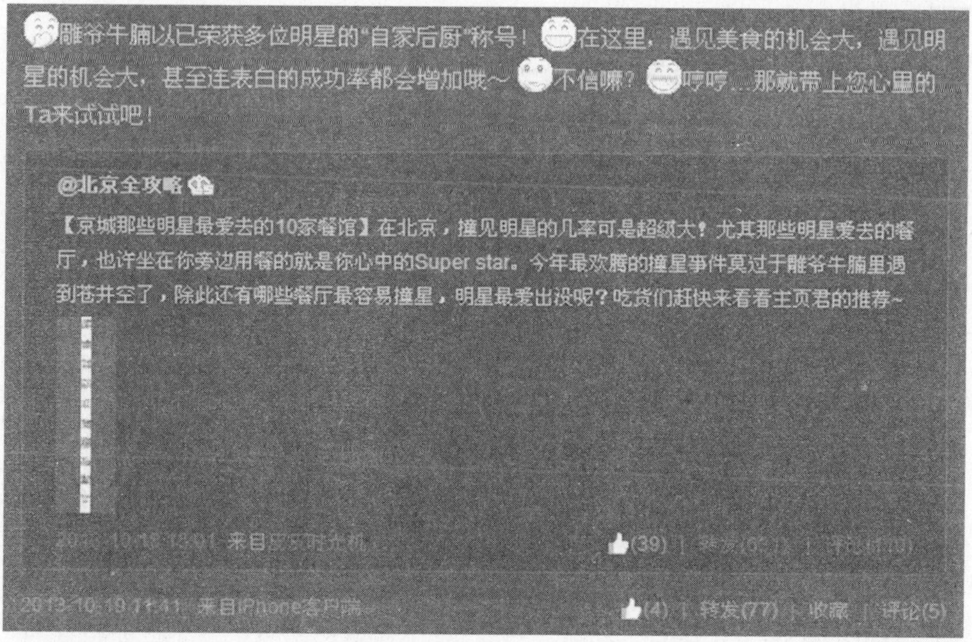

于消费者心里的企业文化。你必须雕琢每一个能让人记忆深刻的品牌体验的细节，要以客户为中心，保持正确的道德操守并不断创新。每个企业都要谨记，企业广告的信服力决定企业的成败。

3.2.2 强调“协作力”

你的品牌需要同用户群体进行协作，他们才会选择你的品牌。营销必须让消费者参与到你的产品、服务和营销手段的讨论中去。而营销本身也必须是一种协作的过程，进而从消费群体的集体智慧中寻求灵感。泛大众消费只需要一种单向的关系，但社群消费则要求一种互动的交流。

品牌与社群之间的协作性体现在：一、你可以去了解和倾听社群的集体智慧，看能有什么样的收获。二、协作性有可能会成为你商业模式的核心部分，即消费者能直接决定品牌的活动。三、你可以成为一个将这些社群联系起来的中间人。四、消费者能成为品牌与社群对话的重要组成部分，他们的作用比你认为的大得多。

3.2.3 主攻“创造力”

我们在与消费者互动时，可以从多层面发挥创意。过去商家吸引消费者注意的手法几乎都是宣传产品的性能，今天我们最看重的是打造品牌身份和创造品牌价值。在将来，营销就意味着要吸引那些喜爱特定品牌形象的社群。而且，这些群体会通过不同层面上的各种渠道来使品牌形象成为他们自身形象的一部分。

我们不仅仅是在卖产品，我们主要是卖的是点子。有些点子可以诱惑人们买产品，但能否让人们渐渐开始选择你的品牌，关键还在于不断探寻新方法与社群沟通，用有价值的内容来吸引他们。要抛弃以产品为中心的销售方法，转而采用以群体消费者为中心，向他们提供信息，并用建设消费群体的方法来营销。

3.2.4 案例分析：全员微博，释放潜能

微博用户使用微博的目的主要是为了记录自己的心情、寻找兴趣相同的群体、讨论共同感兴趣的话题等，可以说用户已将微博作为一个即时信息的交流平台，因此微博在培养用户的信任感上具有其他媒体所不拥有的优势。

黑黛作为一家美发增发企业，其客户多属于头发问题久治不愈型，因此培养客户对品牌的信任非常重要。黑黛公司的微博营销战略如下：首先，70名团队成员中有63人负责写微博，其中就包括董事长和总经理；其次，他们专门建了一个企业QQ群来内部沟通和培训微博内容；再次，他们明确规定微博中不准做直白广告，只允许把每天为客户服务的故事用简单有趣的方式写出来。由于他们长期认真的微博建设，为黑黛官网带来了超过10%的流量，其中40%的用户会参与线下体验。通过微博培养与用户的信任关系，黑黛为自己带来了巨大的收益。

究其原因，微博营销改变了原来1.0营销所打造的硬邦邦、高人一等、距离感明显的品牌基因，让品牌变得更像是用户的朋友，大大拉近了品牌和用户的距离，品牌与用户之间的关系变得更加真实、亲密，让你觉得这个品牌更可靠、可信赖，而培养这种信赖感是企业持续性开展营销最为关键的地方。在微博营销中，企业和品牌需要用平民化的身份、体贴性的语言与关注你的粉丝进行无距离的沟通，打造彼此之间的信任感。

社会化媒体营销时代，已经不再是品牌如何找客户的时代，而是客户主动找品牌的时代。新浪微博负责人苗颖指出：“微博上可能会有一个小众群体对你的产品和品牌进行讨论，但要在传统渠道里告诉受众，我在这里，我在微博里。”“当用户的生活重心越来越多地迁移到微博等社会化媒体上时，如果你的用户在上面找不到你，你必然会失去机会。”

3.3 微博人气攻略：寻找“真爱粉”并唤醒他们

微博营销的基础是人气，如果没有足够的粉丝数，就算企业将官方微博经营得再用心，也得不到期许的成效。同时，只有粉丝数也不行，企业的最终目的是将产品卖出去，如果企业微博的粉丝都是对企业产品不感兴趣的人，或者干脆是僵尸粉，那企业依然达不到预期的营销效果。因此，每个企业都应学习如何寻找到“真爱粉”，并通过互动等方式与其保持稳定的联系。

3.3.1 精确定位目标用户

一、通过标签找用户

微博用户在注册时多会根据自己的特点或者喜好为自己的微博贴上不同的标签：旅游、美食、数码控……这些标签都是用户自身设定的，最能体现出个人的特点。根据微博标签显示的用户特点，我们就可以对他们进行年龄、身份、职业、爱好等方面的归类。如果我们需要的目标用户正好和某一类标签代表的人群重合，那具有这些标签的微博用户就是我们需要悉心引导和互动的目标人群。

二、通过话题找用户

微博上的话题是通过#话题名称#来实现的，其最大的营销优点就是我们可以通过搜索话题直接找到参与话题讨论的人群。举个简单的例子，如果你的企业做的是运动服饰产品，那你就应该留意那些经常参与#NBA#、#英超#这类话题讨论的用户。

三、通过微群找用户

和QQ群类似，微群是一群人因为某个共同爱好或感兴趣的话题聚到一起，进行交流和互动的地方。如果某个微群的主要话题和你的产品有着比较紧密的结合点，那么微群里的用户也是你的目标用户。比如某个微群主要谈论“减肥”话题，你的企业恰好是卖减肥产品或是提供瘦身服务的，那你选择这些用户就再合适不过了。

3.3.2 让目标用户主动关注你

找到目标用户后，剩下的就是想方设法让目标用户关注你的微博，这需要长期积累，也需要经营技巧。能让用户倾心的必定是优质微博，优质又分成很多类型：实用、幽默等。微博可写的内容很多，为了区别于常见的官方微博，你可以尝试摆脱那种死板的风格，使用更为亲近粉丝的方式记录一些想法、心情、身边发生的趣事等。当然，积极参与相关行业评论和热门话题的讨论也是必不可少的。

例如化妆品企业，微博的内容就可以包括很多方面。比如美容小窍门、某明星养颜秘籍、某化妆品的使用心得等。间或穿插一些热门笑话、员工遇到的新鲜事等。等和粉丝的互动增多以后，就可以适当进行一些企业信息、主营产品的展示。当然，还是以软文的形式呈现为好，这样更易被用户接受。

3.3.3 案例分析：中粮美好生活

用户喜欢什么话题？怎样的话题才能引起用户的共鸣？什么样的话题才能产生多米诺效应？微博营销能否以小博大，实现有效的“借”力营销，说到底，是要挑选出特别的、优质的微博内容或话题，刺中用户的情感神经，让用户真正由内而外地参与到你的营销活动中来，并让用户在参与该活动的过程中，获得情感上和心灵上的满足感、依赖感。

“中粮美好生活”自上线之后，将自己的品牌及产品特点结合人们内心对美好的向往与回忆，发布了很多优质的、有特色的微博内容，如养生常识、品酒经验、特色食谱、生活窍门等，成功将品牌理念传达得淋漓尽致。

同时，中粮通过设计微博话题，用话题来引发用户互动，用内容来引起用户共鸣，以此来形成一股关于“美好生活”的互动沟通热。中粮精心设置了各种关于“美好”的话题，如“记忆中的味道”“最浪漫的事儿”“e团圆”等。用户可以在这些话题下记录自己的生活记忆，并收到中粮赠送的“中粮福临门粮票”一张。最后，参与这些话题的用户不仅收获了几张粮票，还有关于“美好”的种种记忆。

而在记住美好的同时，他们也记住了中粮。

对“美好生活”的定义，每个人都不尽相同。也许是童年的一段游戏时光，也许是现在和爱人在一起的分分秒秒，亦或仅仅是对记忆里某种熟悉味道的重温一刻。中粮主打“美好生活”这张感情牌，就需要一个能够让目标用户一起体验和分享“美好生活”这个话题的开放平台，微博无疑就是能将这种体验和分享最大化的平台。“随时随地分享新鲜事”的用户又正好契合“美好生活”发现并分享生活里点滴美好的主题。

中粮“回忆美好”，简单的几个字唤醒了用户内心深处潜藏的情感需求，该口号就如同打开用户心房的阀门，让往昔美好记忆重现，使得用户自然而然地想参与其中。刺中用户的情感，是微博营销最高明的“借”力之道，也很容易产生微传播的多米诺效应。红麦软件总裁、互联网知名营销专家刘兴亮对中粮营销案例评论道：“这不光是营销活动，应该是最高层次的情感营销。”截止到2014年初，中粮美好生活新浪微博粉丝数已超过32万，话题数超过400万，活动Minisite PV超过400万，Minisite UV 超过200万。

3.4 微博互动策略：在鱼来雁往中实现营销目的

有的企业微博粉丝数巨大，但发的微博却很少有粉丝评论或转发。其实，微博的真正魅力在于互动，拥有一群不说话的粉丝是很危险的，因为他们慢慢会变成不看你内容的粉丝，最后就会离开。因此，互动性是使微博持续发展的关键，也是企业进行微博营销的关键。

3.4.1 微博常见互动策略

“活动+奖品+关注+评论+转发”是目前微博互动的主要方式，但实质上更多人在关注奖品，对企业的实际宣传内容并不关心。相较赠送奖品，微博经营者认真回复留言，用心感受粉丝的思想，更能唤起粉丝的情感认同。这就像是朋友之间的交流一样，时间久了会产生一种微妙的情感连接，而非利益连接，这种联系持久而坚固。那么企业该如何获得粉丝的情感认同呢？

一、取得粉丝的信任

微博营销是基于信任的主动传播，取得用户的信任，用户才能可能帮你转发评论，产生较大传播和营销效果。因此企业要不断保持和粉丝之间的互动，让粉丝觉得你真诚热情。此外，企业还要经常转发、评论粉丝的微博，在他们遇到问题时，要及时地帮助他们。这样才能与粉丝结成紧密关系。在企业发布营销信息时，他们也就会转发。

二、降低活动参加门槛

众多粉丝对活动有着参加的兴致与动因，不过因为有些活动环节设置繁乱，粉丝只能望而生畏，这对提高粉丝参加度来说是相当不利的。微博之所以被认为是一种有人情味的沟通工具，是因为微博活动是在保障推广效果的前提下，尽可能做到简单易行。参加门槛的降低意味着粉丝参加成本的减低，这就会获得粉丝低成本的试验性参加。

三、用悬念激发粉丝兴趣

作为一种掩护核心信息的心理技法，悬念能引诱粉丝的好奇心，使粉丝有深度参加活动的兴趣和长时期参与的粘度。在预设悬念的时刻，首先要明确粉丝最有兴致的信息是什么，而后运用打掩护技法设置悬念，能取得很好的营销效用。

四、用奖品让粉丝High起来

除了利用许多人的好奇心施行驱动外，还可以利用奖品促销的方式，提高粉丝的参与殷勤度。凡客诚品被认为是微博营销的优秀实践者之一，它很善于利用奖品促销的方式调动微博粉丝的热情，其“抢楼送周年庆T恤”“1元秒杀原价888元裙子”等活动，在微博上一度引起粉丝参加的热潮。

五、给你的粉丝授权

以往企业与用户之间具有明确的分工，企业负责从产品设计、生产到营销的全过程，用户仅仅是被告知、被劝服。然而，在消费者主权时代，企业可以尝试给粉丝授权，或许能收获意想不到的效果。给粉丝授权，企业在微博平台上可以做的还很多：产品的促销折扣，是否可以由粉丝进行投票决定？新一轮的广告创意，是否可以接受粉丝的评判甚至否决？产品包装设计，是否可以接收粉丝的投稿等。这些授权可以最大化提高粉丝的参与度，从而让粉丝逐渐成为品牌的“代言人”。

3.4.2 互动禁忌：直白而频繁的营销是糟糕的

有些企业，特别是经常做活动的企业，非常热衷于使用@功能，此举可增加被查看的机率。但如果经常使用@功能，用户频繁收到@提醒的广告，最后的结果就是粉丝的流失。还有些企业微博以刷屏来引起注意，增加曝光率。此举没有考虑粉丝的用户体验，当用户的微博首页被你占满而看不到其他内容时，他也会弃你而去。

需要注意的是，企业宣传信息最好不要超过其微博信息的10%，最佳比例是3%～5%。而且，在发布企业的营销信息时，在措辞上也不要太直接，要尽可能把广告信息巧妙地嵌入到有价值的内容当中。这样的广告因为能够为用户提供有价值的东西，而且广告内容具有一定的隐蔽性，所以转发率更高，营销效果也更好。像小技巧、免费资源、趣事等都可成为植入广告的载体，都能为用户提供一定的价值。

3.4.3 案例分析：大企业也要投机取巧

以一些比较大的企业，如星巴克为例，其经营微博的目标是希望通过微博来做品牌。它通过微博发布一些品牌信息，通过与客户就建立关系，为品牌服务。星巴克非常擅长客户关系维系之道，它在发布广告时，一直很注意发布技巧，通过一些转发、互动、提问的方式发布隐性广告。星巴克善于捕捉那些对品牌形象十分有益的用户微博，并及时与之互动。

比如："温情转发"为星巴克树立了一个"温暖企业"的美好形象。截止2014年3月，"星巴克中国"的粉丝数已经超过96万，"星巴克江浙沪"的粉丝数也有51万之多。

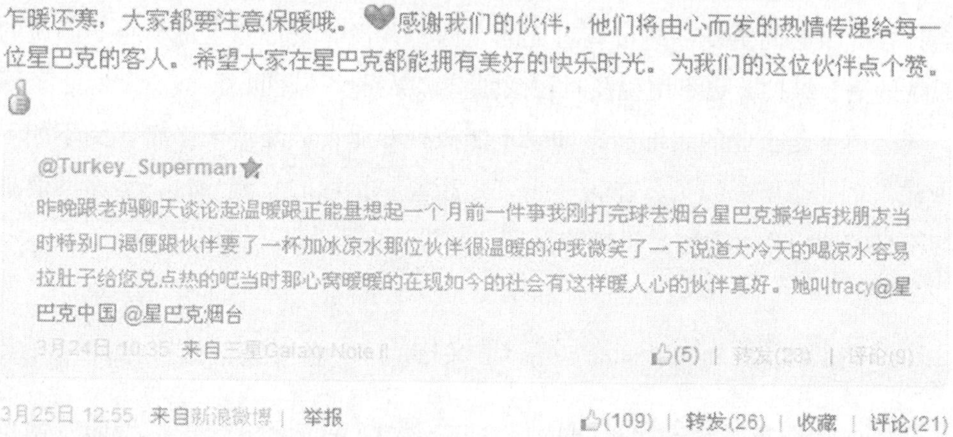

除了星巴克，宝马也是微博植入式广告的“忠实玩家”，来看一个有趣的宝马植入式广告：一位微博用户发了这么一条微博：“我终究没能飙得过那辆宝马，只能眼看着它在夕阳中绝尘而去，不是我的引擎不好，而是我的车链子掉了。”这条有趣的微博受到大量转发，大家在微笑之余也记住了宝马这个品牌。

还有一个擅长发布植入式广告的例子，是“个人网站教父”蔡文胜投资的公司——美图秀秀。美图秀秀的营销方式很简单，专门在网上找那些经典有趣且受众面广的图片进行美化PS，然后打上美图秀秀的LOGO。这样的植入式广告发在微博上，给美图秀秀带来了空前的影响力，成为目前最流行的图片软件之一，其新浪微博粉丝数也早已超过600万。

3.5 既要亲民也要专业：系统掌控你的企业微博

微博刚兴起那几年，很多企业还不太重视网络营销，对于微博更是不屑一顾。现在很多大企业都意识到微博营销的重要性，但只是让公司的文员或会计在业余时间更新一些可有可无的东西，并没有安排专人进行企业微博的系统的更新维护，更不用说及时在微博上解决粉丝的疑问了。

微博不是企业的装饰品，如果不能做到专业，只是流于平庸，倒不如不去建设企业微博。因为，作为一个“零距离”接触的交流平台，负面的信息与不良的用户体验很容易迅速传播开，并为企业带来不利的影响。

3.5.1 将微博营销纳入公司常规议程

任何一个营销活动想取得成功，都不能脱离了系统性，把微博营销单纯当一个点子来运作，很难持续取得成功。微博营销看起来简单，其实作为全新形态的互动形式，它的方法多样，具体操作起来也十分花费精力。但与之相对应的是，微博营销的潜力巨大，如果你没能用它发挥大效用，只能怪自己投入的精力与重视不够多。企业想要微博发挥足够的营销效应，就要将它纳入整体规划中，及时根据微博热点及市场走向修改自己的微博营销战略。

曾经大家觉得网络营销不靠谱，实际效果也不理想。但戴尔公司坚信，互联网的营销在未来的前景很乐观，于是把互联网营销纳入经营模式中，以战略的高度去挖掘网络营销潜能，才创造出了今天网络年销售额几百亿的奇迹。他们的成功完全是因为他们相信网络会创造巨额业绩，同时以战略的高度来运作这种营销。早在2007年，戴尔就通过其在Twitter上的账号公布产品和服务，同时用该账号与用户互动、解答各种问题。很快，账号被超过60万个用户关注。2010年3月8日，戴尔全球副总裁表示，戴尔通过Twitter直接创造了近700 万美元的营业额。而这一数字，到2014年已经翻了许多倍。

在制定具体的微博营销策略时，应考虑企业规模。对于大型企业来说，微博营销应成为企业营销规划中一个不可缺少的部分，需要设置一个微博营销团队，其中包含若干成员，进行相应的分工，并在微博营销中进行相互配合。同时，微博营销应该与企业整体营销规划中的其他营销手段配合，以达到最佳营销效果。

对于中小企业，则需要视企业规模设定一到五个专职或兼职的人员开展微博营销活动。可以根据实际情况，每天安排专人分时段进行相应的信息搜索及监测，然后根据实际情况进行相应的回复、转发或问题处理。

无论哪类企业，都可以利用一些监测软件配合人工监测工作，同时可以将相关的信息进行收集及归档，以评价微博客的营销效果，并可以将相关信息输出到相应的信息统计及分析系统中。

到了微博营销中期，要再增加粉丝的难度加大，就更需要团队战术。企业应安排部门人手努力将每个微博粉丝做到越多越好，然后通过转载、评论主号微博的方式进行地毯式铺路。要尽量在微博平台人群活跃时段，通过统一转发和评论，将主号活跃度和转载率提高。

3.5.2 微博上没有犯错的余地

微博没有腿，但是传播速度却快得惊人，当极高的传播速度结合传递规模，就会创造出惊人的力量，这种力量可能是正面的，也可能是负面的。因此，必须有效管控企业微博这柄双刃剑。

一篇微博短短140字，实际撰写难度与重要性非常高，需谨慎推敲博文，以免不慎留下负面问题；一旦出现负面问题，要及时跟进处理，控制局势，而非放任自流；微博开展活动要善始善终，过程中要积极良性引导；对于互动对象的举动与信息反馈，不可掉以轻心，必须积极而谨慎对待。

企业想在微博上做营销，免不了会遭遇到微博留言中的负面信息。遇到这些负面评价的时候，是置之不理，还是积极回应？是大动肝火，还是平心静气，温和处理？在遇到负面评价的时候，一个专业的微博营销团队就是必不可少的了。

膜法世家是淘宝网上的一个5皇冠店铺，以20万笔生意无一差评扬名淘宝网。他们在启动企业的新浪微博以后，认真地把微博看成是和客户互动的最好渠道。他们有一个7人的微博管理团队，并且有一个和所有员工链接的QQ群，让每个员工都可以看到在新浪微博上发生的事情，汲取经验和教训，学会和客户的深度互动。

一天下午，膜法世家QQ群里微博管理员在群里发了一个截图，这个截图是一位顾客写在微博上的一个负面评论。管理员在做了截图以后，要求相关人员立即给予回复。

顾客是在下午14:27提出的批评，14:48的时候——就是在21分钟以后，监管员发现了这条信息，于是一方面和客户沟通，一方面和正在值班的客服了解情况。31分钟以后，顾客说，这样的处理事情的态度，没有影响到她的心情，并称赞了客服的态度。事情并没有结束。晚上，在膜法世家的QQ群里，主管和她的团队继续对话。主管对这位客服提出了批评，也对这位新客服的带班师傅提出了批评，还讨论了新一轮的培训里怎么纠正这种错误，让这样的错误不再出现第二次。

我们看到，对新浪微博上出现的顾客负面评论，膜法世家的重视已经到了兴师动众的地步。顾客的这条微博是14:27发出的，负责监管的人在14:48已经对话顾客了，顾客在14:50的时候说明客服已经处理完了。14:58的时候，就是顾客发帖31分钟的时候，顾客发出了“支持你们，加油”的鼓励。而在当天晚上，店主、总监、店长在QQ群里对这件事情做了再讨论，布置了善后的工作。

膜法世家在微博平台上做到了一般企业做不到的对话准备：第一，30名员工中有7人是微博团队成员；第二，像客服值班一样有监管员在微博上担任监管；第三，配置了QQ群加快内部对话和统一认识；第四，出现问题不过夜，当天晚上就总结。

综上，我们可以发现，不论什么样的企业，都应该对微博客平台有足够的重视，它在整个营销活动中可以成为发布信息、了解反馈、吸引新客户、开展促销活动、进行售后服务及危机监测方面的廉价而便捷的渠道。我们不仅应该充分利用它，还应该尽可能将其应用到得心应手的地步。

3.6 多管齐下，让微博营销“热”起来

微博热度是长期经营的结果，除了之前几节谈到的一些增加人气的方

法，下面再为大家介绍几个能为企业微博带来人气的重要细节。

3.6.1 几大微博网站同时申请账号

企业可在人气较旺的微博网站同时开博，比如新浪、腾讯、搜狐、网易等，每一则消息在所有微博都发一遍，可以大大提高传播效率，摊薄经管成本。百度2011年推出了框发微博应用，即用户可通过百度搜索框直接发布微博信息，支持腾讯、搜狐、网易微博，不用一一登录，对于企业微博来说非常方便高效。

3.6.2 企业可以开多个微博

企业可以开多个微博：企业名称注册企业官方微博，发布官方信息，链接到官方网站；企业领袖个人建立微博，对外凸显领袖个人魅力；主要产品创建产品微博，发布产品资料，向客户提供技术支持，充当产品客服；专业技术人员用个人名义创建微博，发布行业技术方案及行业动态评论，逐步成为行业的“意见领袖”。

一、官方微博（企业微媒体）

企业微博用来传播企业官方正式内容，在第一时间发布企业最新动态、对外展示企业品牌形象，让企业微博成为一个低成本的媒体。

二、企业领袖微博（企业微传播）

领袖微博是以企业高管的个人名义注册的个性化微博，其最终目标是成为所在行业的“意见领袖”，其在整个行业中的发言具有一定号召力，能够影响目标用户的观念。

三、客服微博（企业微服务）

企业客服人员通过微博与客户进行实时沟通和互动，缩短企业对客户需求的响应时间，在互动中提升企业服务品质。

四、产品微博（企业微公关）

通过微博对企业及产品危机实时监测和预警，快速处理和应对与企业相关的负面信息，及时发现和消除消费者对企业及产品的不满。如企业遇到危机事件，可通过微博对负面口碑进行及时的正面引导。

五、市场微博（企业微营销）

企业通过微博组织市场活动，打破地域人数的限制，实现互动营销。

3.6.3 获取微博账号认证

企业微博账号、企业领袖微博账号等一定要立即获得微博认证。被认证后的企业会获得更多关注。获得微博认证后，微博网友才会真正相信这个微博，有利于企业形成较权威的良好形象。认证标记也能在很大程度上吸引微博网友的关注。而且，认证后的微博可被外部搜索引擎收录，更易于传播。

3.6.4 加大微博活跃度

任何一个平台，只有不断去使用去发现，才会有更多新收获，也更能使其发挥价值。每天都应登录微博两到三次，关注经常发布微博的人，经常在线的活跃用户更有潜在价值。看到有趣的博文转发或者评论一下，会有更多的人通过你看到此消息，并因此而关注你。经常使用微博，还能总结出属于自己的微博经验技巧。

百度已经把新浪微博的内容放到了搜索结果页，利用微博进行搜索引擎优化的方法是：把行业内值得关注的新闻，转载到客户更愿意观注的网站，提炼要点发成微博，并附上该新闻在目标营销网站上的链接。一篇这样的微博可以为客户网站带来一周内每天两三千，累计过万的陌生访客访问量，

3.6.5 峰值时间+精彩内容

企业微博的内容信息必须是有价值、多样化、图文并茂的多媒体信息，这样会有较好的客户浏览体验；同时，微博内容尽量包含合适的话题或标

签，以利于微博搜索。企业微博的管理者要将话题潜力释放出来，多引用行业热点来发布可讨论的提问式语句，从而吸引大家关注和参与。

在信息发布的时间点方面需要注意，企业微博不能是常规的8小时工作制。合理的时间点应该是三个微博用户活跃高峰时段：9：00～10：00、16：00～18：00、21：00～24：00。因为这个时候登录微博的用户最多。急切的信息要马上发布，重要但不是急切的，可以选择峰值时间发布，能收到更好的效果。

3.6.6 定时定量且定向

微博就像一本随时更新的电子杂志，要让大家养成观看习惯，就要定时、定量、定向发布内容。当大家登录微博后，能够想着看看你的微博有什么新动态，这无疑是最成功的境界，虽很难达到，但至少我们要做到经常出现在他们面前，久而久之便可使大家阅读我们的微博成为一个习惯。

定时、大量地发布企业微博是最好不过的。大量发布可在一段时间内占据关注者的微博首页，不会被快速淹没。但此举一定要保证微博质量，在质量和数量的选择上一定要质量为先。一个多是垃圾内容的企业微博，不仅达不到传播目的，还可能被不胜其烦的粉丝删除掉，或压根就不会有人关注你。

发布企业信息要注意140字的限制，要避免长篇大论，最好在一条微博内说完。否则，由于很多微博的技术特点，会将整篇微博分批发出，可能出现文字断层，会失掉一些重要内容，从而让读者误读。在需要发布较长的内容时，微博管理者可以在微博上发布有详细内容文章的链接，并将核心要点提炼以微博形式发出。

第4章

App营销：一个入口解决一切

随着智能手机和Pad等移动终端设备的普及，人们逐渐习惯了使用App客户端上网的方式，而目前国内各大电商均拥有了自己的App客户端，这标志着，App客户端的商业使用已经开始初露锋芒。泽思网络的数据表明，App给手机电商带来的流量远远超过了传统互联网（PC端）的流量，因此通过App进行盈利已经成为了各大电商平台的发展方向。

事实表明，各大电商平台向移动App营销倾斜的原因不仅仅是每天增加的流量，更重要的是，由于手机移动终端的便捷，为商户积累了更多的用户，更有一些用户体验性强的App使得用户的忠诚度、活跃度都得到了很大程度的提升，并在很大程度上影响着商家的发展与创收。

4.1 App营销时代：将一切化繁为简

App是英文Application的简称，是随着iPhone等智能手机的流行，而流行起来的智能手机的一种第三方应用程序。随着互联网越来越开放化，App与iPhone等智能手机组合的盈利模式开始被更多的互联网商业大亨看重，并纷纷推出App。事实上，现在App已然成为了商家在智能手机上的一个微型门店，只要用户下载商家的App就能看到并购买到该商家推出的各种商品。商家有了App，就等于把门店开到了用户手上，只要用户用手指轻轻一点，就能实现交易。可以说，App让营销变得更加简单、便捷。

4.1.1 App营销异军突起

2012年美国发布过一组关于智能手机的数据：相比2011年，2012年智能手机占手机总量的比例从38%涨到了50%，安卓与IOS系统的用户从3800万涨到了8400万，与之相呼应的是，手机用户花在App和网络上的时间，从73%涨到了81%，用户平均下载并长期使用的App数量从32个涨到41个。我们是否已经要进入App时代还不能妄下断言，但随着智能手机的发展，手机App已渐渐成为移动互联网营销传播的新渠道，这是不争的事实。

手机App营销之于传统营销是如此不同，它不需要铺天盖地的广告，也不需要规模庞大的销售人员，但却能做到传统营销无法做到的事。如果一个企业的App拥有100万的装机用户，那就相当于这个企业可以同时对100万潜在消费者进行24小时无休的品牌推广和广告宣传——以不同于传统广告的方式。这对传统营销人员来说，简直是做梦一样。同时，由于现在很多App在安装时附带的“获取手机地理位置”“获取通讯录好友信息”等硬性设定，企业还能完整地掌握这100万用户的行为习惯和社交状况，精确到他每天的位置变化。这样详细的用户资料再配上大数据的云计算，对企业营销重点及方式等策略的制定，实在太有指导意义了。更进一步说，如果你的App还拥有支付功能，那整个营销流程就更加完美了。

我们看到，从接触顾客到吸引顾客再到黏住顾客，甚至管理顾客，发起促销，再到最终完成销售，整个营销过程都只需要App这一个小小的端口。这种营销能力实在是太诱人了。难怪百分通联CEO张福连在2011开发者大会上表示：“App是移动互联网的活跃因子，是移动互联网产业的新鲜血液，更是移动整合营销服务中的核心要素，新型的整合了各种移动互联网先进技术和推广手段的移动营销方案，首先离不开的即是App的牵线搭桥。”

4.1.2 案例分析：“自虐”式App

很多企业都意识到App营销的重要性，在国外，数百家知名的品牌广告已经抢先开发了自己的App，并进行了相应的推广运营。

作为全世界最大的安全套生产企业，杜蕾斯在营销方面的努力很值得我们借鉴。2012年，随着App营销的火热，杜蕾斯适时举行了“如果我有一个孩子”的体验活动，并适时推出Durex Baby(杜蕾斯宝贝) App，这是一款创意养成类游戏App，这款游戏旨在让年轻人体验不小心有了小孩之后的生活是怎样的，游戏里的“宝贝”会不分时间和场合的随机哭闹，你需要通过“喂奶、摇床、换尿布”等系列操作使得他渐渐安静下来。每次被烦得受不了，要关闭这个App时，杜蕾斯的广告就会跳出来：“不耐烦了？还没准备好做一个合格的家长？记得使用杜蕾斯哦！”

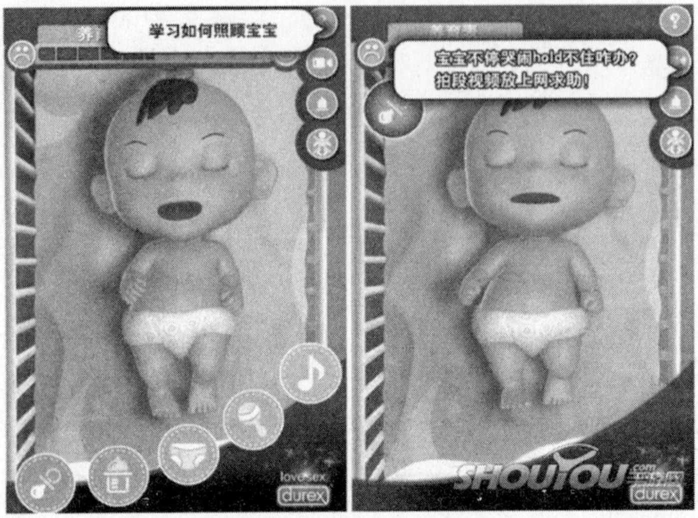

当然，杜蕾斯的营销并不止于此，它还推出了“只要买一盒杜蕾斯产品，扫描二维码，就可以开启免打扰模式”的优惠政策。很多人既想继续玩这个有点“自虐”倾向的游戏，又不愿在半夜三点被“宝贝”的哭声吵醒，纷纷选择去购买一盒杜蕾斯——给本有的需求再加一个理由或刺激，这就是杜蕾斯此次营销的高明之处。

当然，杜蕾斯推出这款App并非单纯为了提高短期的销量，同时，它也摇身一变，变成年轻人日常娱乐生活中的一部分，并通过这款App在年轻人群体中进一步打响了知名度。现在年轻人都是手机游戏的爱好者，这款游戏在年轻人当中引发了一股“带宝贝”风潮，其中也出现了很多趣事，网友纷纷吐槽：“还在上课呢，手机里的‘宝贝’突然哭了，我一个大老爷们，怎么办啊？”“半夜三点‘宝贝’突然哭了，我居然下意识说了句：‘宝贝乖不哭，妈妈给你喂奶啊。’囧！”这些吐槽带动了更多的年轻人下载这款App。

杜蕾斯此次营销堪称App营销经典案例。我们分析之后发现，杜蕾斯这次的App营销至少可以给我们带来以下几点启示：

一、巧妙点出需求

杜蕾斯推出的这款App并没有用枯燥的说教文字来阐述不适用杜蕾斯产品的后果，而是通过娱乐化的方式，让人们更加清楚地自己品尝不负责任的恶果，同时这个过程又充满趣味，易于传播。这也提醒我们，在移动互联网时代，营销的重点不再是出镜率与知名度，而是趣味与创意，是优质的内容。

让用户在快乐和享受当中发现自己的潜在需求，他们自然会选择你的产品。

二、互动积攒人气

杜蕾斯很早就开始在微博等社交网站上和粉丝进行互动，杜蕾斯将自己的官方微博设定为一个“既绅士又蔫坏”“既会生活又会玩”的夜店贵公子形象，频繁地发布一些有趣的段子，并积极和粉丝互动。长期积累下来，已经拥有近百万粉丝。有了这么大的活跃粉丝群，再推出App或者其他营销项目时，就顺风顺水了。

三、适时植入广告

随着植入广告这一模式被广泛使用在各行各业，很多消费者都对此产生了反感。尤其是电影等娱乐产业，一旦有过于明显的广告植入，都会招来一片骂声。而杜蕾斯的这款App则没有在用户玩游戏的过程中去介绍自己的品牌，只在用户关闭游戏时才适时提醒用户的潜在需求，这种方式更加贴近用户的心理预期，不会让用户产生排斥。这里也提醒各位，广告植入一定要选在能激起用户需求的时刻。要知道，用户喜不喜欢你的产品，不仅取决于他在事实上需不需要你的产品，也取决于他有没有意识到自己需要你的产品，而这也正是杜蕾斯设计这款App的核心。

4.2 App营销的基础、模式与策略

2011年开始，苹果在全球引起的浪潮让越来越多的企业认识到移动App的重要性，企业App营销对于企业的作用进一步受到关注。如今，越来越多的企业正在以各种形式参与到App营销的洪流当中。技术的变革已经带来了商业营销模式的重大变革。

通常来说，App营销是指通过特制手机、社区、SNS等平台上运行的应用程

序来展开的营销活动，它是整个移动营销的核心版块，是移动互联网时代企业和消费者之间形成消费关系的重要渠道，更是连接线上线下的天然枢纽。企业在进行App营销时，只有准确把握用户心理、深入挖掘用户需求，用种种方法引发用户共鸣，才能最大程度地引导用户参与到自己的营销过程中，达到营销目的。

4.2.1 App用户最关心什么

App营销的基础当然是手机应用了。我们知道，App根据其内容可分为游戏App和应用App，后者又包含了工具类、媒体类、品牌类等等。在这数以万计的App中，游戏类和品牌类的App生命周期最短：不管“愤怒的小鸟”多么有趣，不管flappy bird多么“自虐”，你玩腻它最多只需要两个月。而单纯的品牌类更是用户最想删除的App种类。

那常见手机应用中有哪些是最受用户青睐的呢？调查显示，QQ、微信、微博等社交通讯工具最受追捧，因为其沟通便捷、及时，也较少受时间地点限制。其次，浏览器、安全软件等系统工具也颇受欢迎。再次，游戏娱乐、导航地图等也以其娱乐性和实用性受到多数用户的青睐。

App的制作者当然希望自己的产品能得到用户的持久青睐，而其中的关键就是将App的主题从品牌推广转向提供实用功能。用户打开一个手机应用，不是为了“玩”，而是为了“用”，一个游戏App玩多了用户会腻，一个功能App用户用顺手了就会持续使用。将注意力放在用户的切身需求上，才是一个App保持热度的核心意义。

4.2.2 App营销的常用模式

不同的App类别自然需要不同的营销模式，一般来说，最主要的营销模式有：植入广告模式、用户参与模式和购物网站移植模式。

一、广告植入模式

植入广告是App营销当中最常见的模式，广告主通过在功能类、游戏类

App中植入动态广告链接的方式打广告，用户点开链接就是相关产品的介绍、销售页面。这种模式操作简单，投放在热门App上能够让最多的人直观地接触到企业的产品。但由于这种植入相对生硬，其购买转化率并不高。想一想，我们经常会在玩手机游戏点暂停的时候看到各种广告跳出来，有时候不小心点错了也会觉得不胜其扰。

二、用户参与模式

企业把符合自身品牌定位的应用发布到应用商店内供手机用户下载，用户可以从该应用中获得自己需要的实用功能，同时还能直观地了解该品牌的信息。这种模式对提高企业美誉度，增加用户粘性的效果比较明显。相比广告植入模式，这种模式更加容易被用户接受。因为你是先满足了用户的需求，才适时推出了自己的产品。

这种模式需要企业投资制作自己的App，前期投入较大，但由于不需要后期的投入，因此实际花费和不断在其他热门App上植入广告不相上下。重要的是，这种模式成功的关键不在投入，而在App内容的设计上，创意重于投资。

三、购物网站移植模式

这种模式基于互联网上的购物网站，是购物网站的手机App化，用户可以随时随地通过该App浏览网站，获取商品信息，同时进行购买、支付。这种模式相对于以往通过手机浏览器登陆相关购物网站再进行同样操作来说，更加快速便捷，内容也更丰富，更有针对性，缺点是适用的行业比较单一，不具有广泛的应用性。

4.2.3 App营销的常见策略

一、把握用户心理，引起共鸣

移动互联网时代用户的购买行为已经不再是简单的接受来自企业的广告宣传，而是从自身需求出发，通过对所需产品的全面分析，评估可购买性，最后才决定自己的购买行为。所以，只有引起消费者的心理共鸣，企业才有机会向他们推荐自己的产品。因此，企业在做App营销时要注重与消费者进行深入对话，充分了解消费者的潜在需求和心理预期，根据这些反馈优化自己的产品，并调整宣传策略。

很多企业在策略App营销时会先考虑“全功能包含品牌”还是“单一功能展现品牌”。其实，这不重要，不论是哪种方式，都需要先找到品牌定位、产品卖点和消费者心理需求之间的对应关系，通过大数据也好，团队策划也好，挖掘他们潜在的需要。最后，与能抓住目标人群兴趣点的元素相结合：猎奇、分享、健康、感性、虚荣等。

二、刺激用户参与，积极互动

移动互联网时代，营销不能再是一味向消费者进行单向的理念灌输，以用户为主导的双向甚至多向互动，才是App营销的首选策略。谁能充分利用消费者碎片化的App使用时间，最大程度地与用户进行随时、随地、贴心的交流，谁就能在互动中达到拉近与消费者距离的目的，抢占App营销的先机。

与用户互动的方式有很多，其中最重要的就是提供优质内容。现在的消费者都希望看到有创意、有内容的东西。一项调查显示：70%的消费者更希望通过一篇文章而不是广告来了解某企业。当然，内容并不仅仅文字，还有实用的服务。

例如：飞利浦为了推广自己的空气净化器，做了个叫“空气监测站”的App。用户能够据此测量室内的空气质量，发现空气质量不佳的用户自然会顺势关注飞利浦的空气净化器。

这个案例中，企业为消费者提供了检测空气质量的贴心服务，其实也在无形中刺激了消费者的购买需求。

三、联合各渠道，结合新技术

App营销愈发呈现多元化发展趋势，因此，整合其他营销手段和技术支持，给消费者带来突破性的用户体验，才能够彻底挖掘App营销的价值。企业的App营销可以选择和传统广告、视频营销、店面促销或者事件营销等营销方式结合，形成协同效应，将营销效果最大化。同时，App营销还要结合各种新技术：LBS位置定位、手机身份识别、AR增强现实、重力感应等，这些新技术的不断涌现给了App营销以更多的开发空间。

比如ibutterfly App，它将各色优惠券变成一只只飞舞在城市各个角度的蝴蝶，用户利用手机摄像头进行捕捉。它根据各个地区的特点，会呈现出不同种类的蝴蝶。这款有创意的App能够帮助服务、餐饮行业进行有效的宣传。而这款App正是将App+AR+LBS完美结合在了一起，使客户既得到实用信息，又得到不错的游戏体验。

4.3 Early Bird：早起的鸟儿有咖啡

如今是一个体验为王的时代，能够给用户带来最优质的服务体验，才能从众多品牌中脱颖而出。这要求企业关注服务细节，了解用户习惯，与产品相结合，不断给用户营造最舒适惬意的服务体验。世界知名的咖啡连锁企业星巴克就是体验式营销的代表者，而且其将用户体验与App营销相结合，最终用较强的客户粘度证明了：早起的鸟儿有咖啡喝，重视用户体现的商家有钱赚。

4.3.1 先体验功能，后产生动机

星巴克以其独特的体验式营销手段在美国开拓了一个原本没有的市场，因此，其市场潜力可以说是无限的。在美国，咖啡原来只是一种普普通通的饮料，一种吃早餐或者汉堡包时能更好地把食物咽下去的东西，一般价格非常便宜，几毛钱就能买一杯。但星巴克的出现改变了日常生活中人们对咖啡的印象，他们将美式咖啡消费习惯时尚化、精品化，创造出都市男女人手一杯的全新形象。现在，在美国的大街小巷随处可见星巴克的招牌，每天有几百万美国人排着队购买4美元一杯的星巴克咖啡，星巴克文化已经深深植入美国人的日常生活中。在风靡全美的奥普拉脱口秀节目中，在创美国收视率新高的《辛普森一家》里，在深受大众喜欢的益智游戏节目《冒险》里……你都能看到星巴克的影子。

随着移动互联网时代的到来，星巴克也将自己的体验式营销从线下带到了线上。除了在微博、微信上布局，星巴克还开发了专属的App：Early Bird（晨鸟闹钟）。这是一款颇有新意，同时又处处体现诚意的闹钟App。只要在闹钟规定的时间起床，并点击起床按钮，然后在一小时内到附近任意一家星

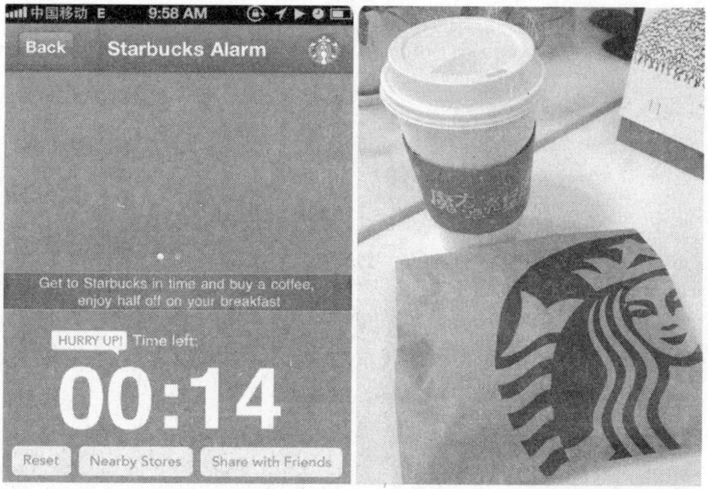

巴克咖啡店购买咖啡，就能享受五折优惠。

Early Bird成功地将星巴克咖啡和用户的日常生活结合在一起，它巧妙地将自己的产品嵌入到用户的某个生活习惯当中，让用户在购买星巴克咖啡时不是感到自己花了钱，而是做成了一件事，一个对自己的承诺。这种营销显然比一般的广告植入高明许多。

我们知道，消费者的购买行为是不确定的，会受其动机、感觉、经营和态度等方面的心理的因素支配，而且随着经济的发展，心理因素对购买行为的作用会越来越大。人通过感觉器官获得信息输入，然后通过大脑对其进行识别，分析和选择，这样一个复杂的过程就是感觉。而激励一个人朝一定目标迈进的一种内部运力则是动机。在消费市场上，任何时候一个购买者都会受到多种动机影响。星巴克的Early Bird就是在为用户提供一个强烈的购买动机。消费者没有把购买星巴克产品当成是一种消费，而是把它当成一种对自己按时起床的奖励。换句话说，相比以往企业想方设法地向消费者推荐自己的促销计划，星巴克反其道行之，让消费者主动到自己这来争取折扣，这对消费者来说是一个很特殊也值得记忆的消费体验。

4.3.2 拓展体验式服务的开发空间

其实，正是因为常年专注于让消费者感受到最惬意、最别致的消费体验，星巴克才能想到这么经典的点子。其实，早在移动互联网兴起以前，星巴克就已经懂得通过改善用户的消费体验来巩固市场、稳固品牌了。

2002年，星巴克咖啡对市场进行新的调研，以期进一步提高自己的品牌影响力。经过长期的市场调研，星巴克发现，来星巴克喝咖啡的核心客户群主要是25岁到40岁的年轻人。这个核心顾客群每个月平均来星巴克喝18次咖啡。针对这种情况，他们制定了相应的策略目标：一方面是提高客户的上门次数，另一方面想办法让顾客每次停留更久，以便吸引他们喝更多的咖啡，提高业绩。

考虑到越来越多的年轻顾客会带笔记本电脑来喝咖啡，2002年8月，星巴克推出服务策略，在一千家门市提供快速无线上网。顾客使用笔记本电脑或Pad，即数码记事本，都可以无线上网、收信发信等等。这一服务很快收到顾客的响应，光临星巴克的人比之前明显增长了不少。

在现在看来稀松寻常的免费上网服务，对于2002年的星巴克来说，却是体验服务的开风气之先。不少企业在营销中证明，当市场占有率达到一定程度时，优秀的服务就胜过营销的运作了。服务是产品最重要的组成部分之一，消费者买的不仅仅是产品实体部分。就像人们到星巴克，已经不仅仅是为喝一杯咖啡，而可能是为了享受在星巴克咖啡厅办公、上网的体验。星巴克始终将为顾客提供更好的“体验服务”作为自己长盛不衰的秘诀。自2004年以来，星巴克的年财政收入持续增长保持在20%左右。早在2004年，星巴克股票就比2003年上升了56%，与1992年星巴克首次发股上市的市值相比，增长了30.28%，达到历史新高。

星巴克的系列案例让我们深刻体会到体验式服务的开发空间有多大，企业可以着手于解决用户的潜在需求，也可以帮助用户改善自己的生活习惯，总之，只有对客户百分百用心的企业，才能换来客户对你的百分百忠诚。

4.4 宜家：目录营销与App的完美结合

传统营销中有一种营销方式叫目录营销，就是通过给精心挑选的消费者邮寄目录或给商场配备目录来进行销售。消费者在收到目录后，可以根据自己的喜好进行选择，通过书面订货单、电话或电脑等形式提出订货要求，比如商品编号、规格、尺寸、颜色等，并提供自己的姓名、通讯地址、邮编等情况，以方便接收所选购的商品。家居巨头宜家抓住了这种营销的模式的优势，并把它与App营销完美结合，最终实现了客观的营销效果。

4.4.1 目录营销是家居业制胜法宝

家居巨头宜家就深谙目录营销之道。对宜家而言，向锁定的消费群散发目录手册，远比铺天盖地的广告廉价和有效得多。宜家的目录手册制作精美，融家居时尚、家居艺术为一体，可以说是宜家自我包装的巅峰之作；而对于无暇上街购物的忙碌人群来说也十分适合，他们不用往商店去挤，就能获得广泛的商品选择以最低的价格购物，因此这种营销很受中产阶层的喜爱。

宜家目录永不衰竭的营销法宝，就是对新中产阶层生活方式的有益引导，不断掀起降价风潮以促进销售。每年9月，宜家都会推出一本新品目录册，类似电话黄页那么厚。宜家不仅是要通过目录营销促进销售，更重要的是，要通过这一精美的目录册进一步巩固品牌形象，提升品牌美誉度和顾客忠诚度。

宜家的商品目录手册，已成为其品牌的一大特点，不但外观精美，更重要的是为顾客提供了许多实用的产品信息，方便了顾客的选择购买。一个成功的商品目录，不但含有大量的信息，众多的产品与服务种类，而且分列布置清晰，从而利于顾客比较挑选；纸质目录一般印刷精美，电子目录一般也制作绚丽，令顾客赏心悦目，这些有利于顾客产生感情诉求，使其做出购买决定，而且，顾客可能会出于喜爱和以备将来之用而将目录保存下来，从而使得目录的促销效果增强。

4.4.2 手机App激活目录营销2.0

在通过目录营销获得了不俗的销售成绩后，宜家并没有止步于此。当移动互联网迅速崛起，手机App成为新的营销阵地后，宜家立即跟进，开发了自己的“IKEA App”。这款App让消费者足不出户，仅仅通过手机就可以打造自己中意的家具风格。这是一款致力于改善售前体验，并刺激购买欲望的App，同时，它也是宜家目录营销的数字升级版。

IKEA App与现实中宜家的体验式营销风格一致，但由于数字化的优势，用户可以享受比线下实体店更加顺畅的挑选、购物体验。

首先，IKEA App是一本不断更新的宜家目录，用户可以通过它获取关于宜家产品、配送服务、优惠活动的所有信息。该App还充分利用手机地图功能，将附近宜家的位置和前往宜家的路线都提供给你。更贴心的是，在去实体店之前，你还能通过这款App查询到实体店的区域分布状况以及营业时间、促销活动等信息。当然，你也可以在App上直接挑选自己中意的产品，放入购物清单中，查看该产品的库存、自助提货点等等。

其次，该App还是一个DIY设计工具。很多顾客在实体店购买宜家产品时都会有个疑问，就是这款家具买回家之后会不会出现尺寸不合适，或者不符合家里装修风格的情况呢？据宜家调查显示：有14%的顾客曾买错过家具尺寸，70%的顾客则根本不知道自己需要的家具究竟是什么尺寸的。该App就充分利用“增强现实技术”，根据产品目录里的标准尺寸来推测家具的实际大小，然后将家具与家中的实景进行匹配，这样，你就可以在手机屏幕上清晰地看到这款家具若是摆在家里会是怎样的了。通过这款App，用户就能足不出户地“设计”自己的家居了。

举个例子，如果你想购买一张桌子，但是不知道它摆在客厅时的效果是怎样的，那在下载该App并扫描宜家商品目录上的该产品后，将宜家目录放在你想要摆放该桌子的位置，然后用手机对着该目录拍一张照，该目录在照片里就会变成一个真实尺寸的三维桌子，这样你就可以清楚地看到这张桌子摆在你客厅里是什么样子的了。

通过这款应用，我们可以在购买家具之前先体验一下家装设计师的感觉。如果你对自己的设计很满意，并真的希望购买相应的产品，那就直接在手机上下单就行了。

宜家的这款应用覆盖了产品展示、参数提供、家装模拟和在线支付每个环节，真正做到了让用户足不出户就能流畅地完成购买家具的体验。

从传统的精致目录到结合目录推出手机App，宜家一直在试图为顾客搭建一个体验产品的平台。这种努力的回报是用户的支持，该App推出不久就获得了千万的下载量，宜家不仅节约了销售、宣传成本，还进一步巩固了在消费者中的口碑。

4.5 西门子：卖的不是厨具，而是感情

最开始，App只是作为一种第三方应用的合作形式参与到移动互联网商业活动中来的，但随着移动互联网的愈发开放，App的盈利模式开始被更多的互联网大亨看重。App的受宠源于其庞大的用户基数，而对智能手机用户来说，之所以离不开移动App，其原因不仅在于它随手可用的便捷，也在于它丰富的功能为他们带来了许多实用性的内容与娱乐方式。

4.5.1 用户凭什么用你的App

对于App用户来说，其实用性是最重要的。谁都不喜欢自己的手机屏幕被各种图标占满，因此，手机用户会谨慎地选择保留哪些App，不实用的App即使被一些用户下载了，在试用一段时间后也一定会被删除。多数手机用户希望自己下载的App能为自己的学习、工作、生活带来便捷。所以，社交通讯、阅读资讯、导航地图等App一直是最热门的。

世界最大的电器公司之一西门子就把营销目光瞄向了移动App，究竟如何将电器与实用App结合在一起呢？西门子公司决定不直接宣传自家电器，而是以“吃”为切入点，将其产品悄悄潜入到菜谱介绍当中。

西门子开发的这款App叫做“西门子时尚厨房”，是一款生活应用类软件，实用性很强。它在软件介绍里就充分强调了自己的实用性：“你能想象有朝一日，因为有它……你无需再翻阅纸质菜谱，弹指之间便能烹制精致美食；你的厨房从此与众不同，成为了你时尚家居生活的中心!”它最初发布的版本共有五大板块：推荐菜谱、视频饕餮、定制食谱、时令美食和微博分享。在积累了相当的人气后，才在后来新发布的版本里增加了产品介绍和品牌直营店两个板块。

“西门子时尚厨房”介绍了各种美食的做法，从食材的挑选到每个烹饪步骤都十分详细，让用户不再为自己的厨艺感到烦恼。同时，它的设计也很精美，用户体验上佳。其内容分为四个方面，左上方是美食图片，右侧配有详细制作说明，左下方则是该美食的简介与材料说明，右下方是推荐制作这款美食的厨具。

对一些比较笨的“小白”用户，该App还在制作界面中设有视频讲解，进一步降低了用户的学习难度。所以，该App一经推出，就受到了广大用户的追捧。

4.5.2 我们该跟西门子学什么

“西门子时尚厨房”的成功至少可以给我们带来以下四点启示：

一、用诚意彰显品质

前面提到，App营销的核心是提供实用性，而所谓实用，其实就是对用户的种种关心和帮助。“西门子时尚厨房”并没有机械地罗列不同菜谱，而是对不同菜谱进行了合理的分类，其“推荐菜谱”版块下还细分了幸福烘焙、真味留恋、无火饕餮和最爱咖啡等子栏目，充分考虑到不同用户的口味区别。这种细致让用户感受到了西门子的诚意，同时，结合西门子厨房的背景图片，用户便在不知不觉中对西门子的厨具产品产生了“精致”“高端”的印象，同时增强了用户对西门子产品的关注度。

二、用户需要什么就提供什么

随着生活水平的提高，消费者愈发重视食品安全、生活质量方面的问题，人们对“享受”的欲望愈来愈强烈，因此，怎么“吃好”就成了很多人生活里的重要课题。消费者不仅要吃出美味，还要吃出健康。西门子就抓住这一点，精心为用户简绍美味、健康食谱，并根据节气等提供不同的时令美食推荐，真正做到了“全心全意为客户着想”。

三、不是做饭，是培养感情

我们知道，营销在以理服人的同时，更要以情动人。人人都有七情六欲，都有丰富的感情，包括亲情、爱情、友情等等，企业要想让产品容易为顾客所理解、所喜爱、所接受。最好的形式是通过营销来传递感情，令大众产生心灵上的共鸣。厨房是烹饪佳肴的地方，爱吃的中国人对厨房有着古老而深沉的情结，所以“西门子时尚厨房”在一开始就打出“敞开厨房，向老味道致敬”的口号，主动贴近中国的传统饮食文化，让用户通过老味道回忆起父母、童年的美好。这样，西门子厨具在消费者眼中，除了精致，又有了温情。

四、将App与SNS结合

“西门子时尚厨房”有个版块是微博分享，用户可以通过此版块将自己喜欢的美食食谱分享到新浪微博、人人网、豆瓣网等社交网站，与好友进行互动。制作、享受美食是一件令人愉快的事，这种愉快人们很乐于与朋友分享，而这种分享就是最好的口碑营销。因此，在App营销里，一定要记得留一个让用户连接其社交网站账号的端口。

4.6 迷你任务：创新公益与另类营销

在时机成熟的情况下，很多公司都愿意通过做公益来提高自己的知名度，塑造企业口碑与品牌。但是，做公益并非简单的捐钱，从策划到执行再到推广，都有很多讲究。一般情况下，企业缺乏做公益的经验，公益组织则是缺乏资金，两者结合在一起才能将公益事业做大做好。而且，随着移动互联网的发展，公益事业的参与门槛愈发降低，做公益的方式也发生了很大的变化。

4.6.1 公益营销独辟蹊径

在这种情况，一款有特色的App应运而生，这就是“迷你任务”。迷你任务是一款通过手机拍照、定位功能，为企业、公益组织的工作提供帮助的应用。其操作流程共分为五步：

发布任务：所谓任务就是企业和公益组织的一些自身需要，这些需要主要由这款应用的普通用户来完成。企业和公益组织在“迷你任务”发布这些任务（主要是填写问卷、按指定的要求上传图片、回答问题等），同时表明任务地点、时间、细节、质量要求、完成报酬等等。

申请任务：用户通过二维码、App市场下载并启动该App，就能看到分布在自己周边的各种任务，然后选择适合自己的任务点击申请就行。

完成任务：用户申请完任务之后，只要在规定时间内按照发布者的要求执行好任务，就可以提交给系统审核了。如果你在规定时间里没能完成任务，系统会自动取消你的这次参与资格。

审核任务：任务发布者登录系统后台，就能审核用户提交上来的任务完成资料，并给予审核意见。如果用户按照相关要求完成了任务，就能获得之前公布的报酬。发布者还能从系统后台将数据通过Excel等方式导出，这些资料也是企业进行经营决策分析的重要数据。

支付报酬：用户根据完成的任务获得相应的报酬，当报酬积累到一定数额时，就可以通过支付宝进行提现，或者捐献给系统推荐的公益组织。

这种任务模式使得每个用户都有机会参与到公益事业当中来，而做公益的企业与组织也找到了一个降低工作难度的机会。企业可以同公益组织一起发布任务，让用户帮助企业做一些简单的问卷调查等任务，完成任务后，企业就可以向公益组织捐献相应的款项。这样做的好处是：用户可以用力所能及的小付出亲身参与到公益事业当中——这也是公益组织希望看到的；企业一边达到了捐助公益，提升品牌形象的目的，一边还通过用户的帮助完成了很多从前需要大量营销人员才能完成的市场调研等工作；公益组织则在收获资金支持的同时，也收获了一大批更加关心公益事业的大众，这对企业的长远发展非常重要。

举例说明：与宠物有关的企业，如宠物食品企业，可以同动物保护协会一起发布调研任务，动物保护协会号召旗下的志愿者参与其中。由于这些志愿者在生活里都是热爱小动物的人，所以也是宠物食品企业的目标用户。从他们当中获得的调研数据对企业来说更加值得参考。同时，通过这次活动，该企业也在这些目标用户群里中打响了知名度。而对用户来说，他们只是做了一些问卷就可以帮到心爱的小动物，还不需要自己花出真金白银，何乐而不为呢？

“迷你任务”作为企业任务的众包平台，其应用场景十分丰富：广告监测、商品覆盖率调查、新品价格调研、社会热点调查、产品服务体验反馈、促销活动参与等等。其成功为我们打开了App营销的新思路。

4.6.2 App公益营销怎么玩

一、搜集目标用户的信息

很多企业都会做市场调查，并跟进市场反馈，但其搜集的数据是否真实可信，有多少参考价值都存疑问。企业在传统市场调查过程中无法准确把握数据提供者的背景信息，更无法判断其在做这次调查时是敷衍还是认真。“迷你任务”这款任务型App的出现则很好地解决了这个问题。首先，愿意接任务的都是对相关主题感兴趣的人，也就是企业的潜在客户，他们的调查意见更值得参考。同时，他们是主动参与到任务中来的，所以他们的回答相比街边随机接受调查时胡乱填写的内容更加有价值。所以，企业若是希望在App营销中搜集到高质量的市场数据，就要学会“为用户的付出买单”，或者换句话说，给用户配合调查一个合理的理由。

二、促使用户体验产品

企业除了可以发布调查任务，也能发布体验任务，即让用户去临近的企业活动场地亲身参与该企业的产品体验活动。我们经常在路边看到很多销售人员拉着你去体验这个尝试那个，一般人都会避之不及，所以收效甚微。而若是通过任务的方式发布，很多用户会主动参与其中。更重要的是，在体验之后，你还可以要求用户提供详细的体验感受。这种任务不仅增加了潜在用户购买你产品的几率，更提供了最有参考价值的产品使用反馈信息。

三、让公益营销细水长流

大多数人都有参与公益的意愿，却无力承担长期参与公益的资金负担。而企业虽然知道公益营销的重要性，却也怀疑一两次大手笔捐款的实际性价比。而“迷你任务”则很好地解决了双方的问题。“迷你任务”一方面使得热心公益的用户有机会长期参与公益事业，让微型公益事业拥有长久发展的基础，一方面也让做公益的企业不用一次性付出大量资金“赔本赚吆喝”，而是细水长流，既获得了稳定的目标用户群体，也持续巩固了其公益形象。这款应用让用户和企业达到双赢的完美状态，而且这种双赢是持久的。

第5章

微信营销：移动互联网营销的关键阵地

自面世以来，微信已经成为了人们即时通讯的重要工具之一。随着微信用户的迅猛增长，微信营销也应运而生。微信营销是移动互联网时代下的新型营销方式，具备营销成本低、潜在客户群大、营销定位精准、信息交流及时、信息传播有效、营销方式多样化等优势，也正因如此，微信营销正在被越来越多的企业和个人所关注和应用，甚至可以说微信营销已然成为了移动互联网营销的关键阵地。

5.1 关于微信营销的几个关键词

随着微信营销时代的到来，无数企业争先恐后地加入到微信公众账号平台中，并开始摸索自身企业的微信营销策略。微信营销不同于传统线下营销，甚至和线上常见的营销策略也不尽相同。用今夜酒店特价COO任鑫的话说，就是："至今企业的微信营销依然没有见到规模化可复制的成功范本。"当然，这不表示微信营销的前景是黯淡的，也不表明一般企业无法准确掌握微信营销的实用规律。

5.1.1 微信营销的"地基"

不论什么平台的营销，打好营销地基都是必要的，那微信营销的地基是什么呢?

一、粉丝数量

微信和微博一样，都是面向关注者，也就是粉丝的。你的微信公众账号若只有几十个粉丝，那就完全没有营销价值。虽然微信相比微博更看重粉丝质量，而非数量，但微信营销也是要以一定的基数为前提的。以微信公众账号进行官方认证的标准来看，你至少需要500个订阅用户才行。当然，我们有许多方法可以增加微信粉丝数量，下面几节会做详细介绍。

二、品牌形象

在微信营销领域谈品牌形象并非老生常谈，腾讯微信产品总监曾鸣在解读微信公众平台的定位与发展问题时表示：微信公众平台不是营销工具，而是提供互动沟通、用户管理和服务定制的工具。曾鸣提醒公众账号运营者要提供有价值的服务，并且要被用户“召之即来，挥之即去”。这道出了微信用户的心理需求：“我们不需要铺天盖地的广告发布者，我们需要的是优质资源提供者。”因此，企业在做微信营销时，不能再使用传统营销思维，要通过新鲜资讯、优质内容的分享来培养用户粘性，并通过优质软文在潜移默化中树立自己品牌的优秀、专业形象。这样才能在留住粉丝的同时，伺机将他们转化为你的客户。

三、社会关系资源

一定的社会关系资源是助推微信营销的有效动力。人与人的关系是分强弱的，也是分层次的，有人曾这样总结微博和微信的区别：微博是一个基于弱关系的复杂网络，而微信则是一个基于强关系的P2P网络。因此，微信营销的重点就是通过一个个个体所关联的强关系网络辐射出去，打造一张巨大而坚固的潜在用户网。因此，企业进行微信营销一定要从开发企业人员的社会关系网开始做起。

四、文案水平

前面提到，微信的重要作用是提供优质资讯，这就需要优秀的文字编辑。一个有追求的企业不可能仅仅是转发网络热门文章给微信粉丝，这种做法也无法实质性地宣传自身的品牌与产品。微信公众账号推送的信息里，应当有一部分高质量的软文，这就需要高超的文案水平了。需要注意的是，现在仅仅有文案水平还不够，因为更多微信用户喜欢版式精美、图文并茂的讯息，因此，一个能根据优质文字进行相应美术设计的美编也是必不可少的。

以上四点如果你的企业并不具备，那想在微信上做营销是相当吃力的。但不用气馁，那些每月营收上百万的企业的微信粉丝，也是一步步积累，一步步沉淀来的。微信的火热不会在一两年内“退烧”，所以，微信营销的地基建设，也不是一天两天的事。

5.1.2 微信营销基本原则

虽说微信营销没有一个可以作为所有企业模仿的样例，但不代表有些企业微信营销的成功就没有借鉴意义。通过对诸多案例的分析，我们总结了微信营销的几大基本原则，也是常用方法。

一、诚信原则：成也微信，败也微信

有些不讲诚信的企业做营销就是打一枪换一个地方，论坛里有用户投诉就改做微博，微博被曝出丑闻就转战微信……殊不知，在移动互联网时代，所有圈子基本都是连接在一起的。那些不讲诚信的企业往往才开通微信公众账号，就被以前的用户找上门来。同时，即使过去没有产品质量缺陷丑闻，但微信在熟人间快速传播的特性也会使得服务问题产生的一点儿后果被迅速放大。因此，微信营销的一个重要原则就是：守诚信，并且始终如一。

二、互动原则：亲近客户，打造活力品牌

微信本质上是一个朋友即时沟通的通讯工具，所以企业在做微信营销时也要坚持互动原则，人与人之间情感的建立靠的就是持续不断的互动。没有互动，你就算有再多好友，那也只是无用的数字而已。要知道，愿意在微信上关注你的人，必定是对你提供的东西（资讯、产品、服务等等）有兴趣，那你要做的就是不断通过互动来强化他们的这种认识。最好的方法就是让微信公众账号的管理人员用亲民、有趣的方式逐步建立一个活力、有创意的品牌形象。当你的企业从一个冷冰冰的商标变成一个他们生活里必不可少的好朋友，你的营销就成功了一大半。

著名食品品牌“绝味鸭脖”就经常在微信上和粉丝进行互动活动，除了常见的促销互动外，它还经常发布一些美食故事或者幽默段子，还不定期举办一些创意活动。绝味曾在微信上举行公开招聘活动，从粉丝中寻觅各行各业的“达人”，将其笼络到自己旗下。这种“表面上搞招聘，实际上做营销”的互动方式吸引了很多粉丝的注意力，其品牌影响力也进一步提升。

三、回馈原则：实惠换来忠诚

面对那些已经购买了你的企业产品的用户，你的企业应当做出及时的感谢，包括感谢信息推送、电子优惠券赠送等等，让用户切实感受你的诚意。实惠换来忠诚，那些愿意为你重复消费的老客户才是营销性价比最高的群体。同时，这种回馈也可以嵌入一些宣传的元素，如在赠送的电子优惠券附加“分享给5个微信好友，他们也将获得同等优惠”等信息，即让那些感觉得了实惠的用户得到一个将这种实惠分享给好友的机会，稳固了老客户，也发掘了新客户。

仍以绝味鸭脖为例，2014年3月，它在微信上推广“一分钱抢鸭脖”活动。这次活动并非单纯的回馈，这是支付宝钱包联合绝味进行的一次联合营销。活动期间，消费者在全国20多个城市的绝味鸭脖门店购买鸭脖一份，就

能享受用支付宝钱包只付1分钱的超级优惠。这种做法和之前的“快的打车”和“嘀嘀打车”是如此相似，只是其针对的群体从打车用户变成了普通“吃货”，但效果却是类似的。通过这次活动，支付宝钱包吸引了更多的手机支付用户，绝味鸭脖则通过回馈活动积聚了人气，增加了销量。

综上，我们看到，微信营销不同于以往的互联网营销，由于它定位于高质量的目标用户，所以需要系统准备与长期经营，也正因此，其营销价值并不在于短期销售业绩的提升，而在于企业、品牌的长期发展。微信的产生渐渐改变了我们的生活方式，企业微信营销的核心就是努力融入到这种新的生活方式里去。

5.2 营销进阶：玩转微信公共账号

“微信之父”张小龙对开发微信的初衷做过这样的表述：“我特别希望，微信能帮助到个人，让个人能发光。一个人只要有一点点想法，就可以有100个读者。哪怕一个盲人，只要有一技之长比如按摩，也能通过微信找到他的100个顾客而生存下去。那么这个盲人，也可以有自己的品牌，自己的粉丝群，自己的客户。”这段话正好对应着微信公众平台的口号：“再小的个体，也有自己的品牌。”

移动互联网营销离不开微信营销，微信营销离不开微信公众账号。微信公众账号的推出将“消息发送”“客户连接”和“客户管理”三方面完美结合起来，为很多中小企业提供了一个全新的与客户互动的平台。当然，微信公众账号并不只服务于中小企业，它为几乎所有类型的企业都提供了一个树立品牌、提供服务和开发客户的机会。

5.2.1 微信公众账号能做什么

一、培养有价值的活跃客户

微信的出现改变了人们的生活交流方式，企业的微信营销就应瞄准如何“融入这种新的生活方式中”，让你的品牌和微信一起成为用户生活的一部分。所以，对企业来说，其在微信公众账号的用户订阅数其实并不重要，重要的是这些用户的质量，即他们的忠诚度与活跃度。如果说微博营销是要塑造品牌的知名度，培养关注热度，那微信营销的重点就是塑造用户的忠诚度，培养最优质的活跃用户，把他们变成品牌的忠实粉丝。

由于微信和微博在营销重点以及用户使用方式上的显著区别，所以企业的微信公众账号不应像官方微博那样进行大量更新和推送。正如微信产品总监曾鸣所说：“微信公众账号不是一个纯粹的营销工具，必须让你的公众号提供最能体现企业价值的东西。”因此，每天晚上20：00～21：00间推送一条有价值、有内容的信息，让微信用户慢慢习惯在睡前阅读你推送的信息，是培养用户忠诚度的最好选择。当然，有心的企业也可以在早上7：00～8：30半之间更新一条有趣的资讯，供上班族在上班途中阅读。

二、快速沟通目标客户

很多人对微信营销有所误解，认为微信营销就是借助微信去营销。其实，微信营销的真谛是通过营销将客户吸引到微信上，再通过微信完成成交。微信是一个引导交流工具，其最重要的作用体现在客户服务、销售二次转化、用户粘度及品牌口碑提升等方面。企业在宣传初期要做的是通过其他推广方式将客户引流导入到微信上，利用微信公众账号的基本功能进行关系深化、认可深化，从而最终促成交易。

微信是一个类短信平台，只是这种“短信”在内容上更加丰富。许多明星也开通了公共账号，每天睡前他们会推送一条语音或小视频，这种更加生动的“短信”让每个人粉丝都能感到明星的亲切，从而进一步增加了“用户粘性”。当然，作为微信公众账号的核心价值，就是主动为客户提供有价值的信息。这虽然是一种单向沟通，但这种沟通依然可以培养信任和依赖，即通过为用户提供优质信息来吸引用户的持续关注。只要善变的移动互联网用户一天没有取消对你的关注，你的这种沟通就是成功的。

三、有效管理忠实客户

企业微信公共账号其实就是一个客户关系管理系统，因为每个订阅你的用户的基本资料是可以被查看的，你可以通过对这些资料的查询、分析以及管理，再结合用户查询推送信息的记录，来进行有效的客户管理。一方面分析出最受客户喜欢的信息，进行内容改进，一方面对忠实客户的特点进行归纳，从某种角度来说，微信公共账号就是一个天然的CRM。

其实，微信公众账号还是一个面向目标客户的市场调查及应对系统。企业在为用户提供资讯与服务的同时，还能根据反馈制定相应的口碑推广计划，潜移默化地影响用户去主动推广自己的品牌。

四、直接提供服务产品

随着版本的不断升级，加上企业对公众账号的优化设计，微信已经不再局限为一款通讯工具。通过二次开发，公众账号已经逐渐由一款媒体型营销工具转化为直接提供服务的产品。

“打车小秘”就是一款基于微信公众平台进行二次开发的打车服务产品，它就是从微信起家并积累一批忠实用户，才逐渐发展成App的。用户只需要在微信查询功能中找到这个公众帐号并加关注，系统便会自动发来一个图文信息，点击进入后直接到了HTML5的打车页面，之后的操作与普遍打车应

用功能相同，通过自动定位并输入目的地即可完成打车操作。

在腾讯与阿里斥巨资推广快的打车与嘀嘀打车之前，打车小秘一直是移动互联网用户打车的首选。

5.2.2 微信公众账号的定位

正如张小龙所言，微信并没有标准的定位，企业如何使用它，才决定了它是什么。由于微信创立的基点在于用户体验，所以那些宣传色彩过浓的公众账号会被用户抛弃。但从营销工具升级为服务型产品后，这种困境便消失了。而且，有相关需求的用户会主动上门关注你。

南方航空的公众账号于2012年9月上线，之后，南方航空又于2013年1月和3月分别推出了“微信值机服务”和“文字、语音查询平台”，乘客只需要按照提示完成一系列操作，就可以在手机上办理乘机手续、选订座位和语音查询航班天气。这种直接锁定用户需求的设定使得大批潜在用户主动上门关注。

招商银行信用卡微信客服平台也于2012年12月上线，关注此平台后，用户便可以方便快捷地办理信用卡申请、账单查询、个人资料修改等业务，绝大多数信用卡业务，还能通过微信接收在招行信用卡上产生的所有交易信息。

打车、订机票酒店、美食推荐、办理信用卡服务……越来越多的服务产品通过微信公众账号推出，加速了微信融入我们日常生活的步伐。如果说微信正在逐渐成为移动互联网时代的“一种生活方式”，那微信公众账号就是这种生活方式里负责提供基础服务的关键部门。同时，微信公众平台也是一个独立而完整的生态系统，它既可以为航空公司、银行等大型企业提供周边服务，也能为打车软件等中小企业提供发展平台。在微信账号体系、消息推送通知、定位地理位置和提供安全支付的基础上，相信每个企业都能找到最适合自己的微信营销秘笈。

5.3 服务号向左，订阅号向右

微信5.0发布以后，公众账号发展成了两种类型，一种是订阅号，一种是服务号。在注册之初，企业可以选择成为订阅号或者服务号，之前的公众账号一律默认为订阅号。简单来说，服务号旨在为用户提供服务。如：招商银行、中国南方航空。订阅号旨在为用户提供信息和资讯。如：骑行西藏、央视新闻。

5.3.1 服务号与订阅号的区别

下面这张表格清晰地解释了服务号与订阅号的异同。

账号类型	服务号	订阅号
显示位置	服务号显示在订阅用户的通讯录中	订阅号显示在用户的订阅号文件夹里
消息推送	1个月内仅可以发送1条群发消息	每天可以发送1条群发消息
消息显示	发给订阅用户的消息，显示在对方的聊天列表中	发给订阅用户的消息，显示在对方的订阅号文件夹中
消息提醒	发送消息给用户时，用户将收到即时的消息提醒	发送消息给用户时，用户不会收到即时消息提醒
菜单类型	服务号可申请自定义菜单	订阅号不支持申请自定义菜单

由于企业在注册时只有一次机会选择服务号或是订阅号，因此，如何在服务号与订阅号之间进行选择，就成了企业微信行销的重要问题。

从微信自身的发展来看，服务号是其重点提倡的对象。新版微信将服务号独立出来，并提供自定义菜单的设置权限，意在将服务号App化，这在拓宽微信发展前景的同时，也为很多企业提供了拓展微信营销内容、优化微信营销方式的机会。

5.3.2 选择服务号还是订阅号

当然，企业对服务号与订阅号的选择也要根据自身的特点进行分析，如果你没有更多的服务需要通过微信服务号提供，那最好不要放弃订阅号每日推送一次消息的机会。毕竟，对善变的移动互联网用户来说，倘若你提供的服务不是他迫切需要的，那可以想见，他会轻易遗忘每月只能向他发送一次消息的你。而且，服务号的自定义菜单链接的是相应的功能，这不仅需要企业投入精力进行技术开发，还需要对其配套服务功能进行系统规划，这些已经不仅仅是营销层面的事了，需要谋定而后动。

以微信自己的公众号为例，该账号是服务号，但其自定义菜单只提供了基本介绍、使用常见问题和联系客服等说明性内容，并不具备有价值的服务内容，如若改为订阅号，就能每天推送经典案例、使用窍门等更有价值的内容。进入到2014年后，微信已经开放了订阅号的自定义菜单功能。由此可见，对很多企业来说，订阅号在营销方面的可操作性更大一些。

一般来说，以提供优质资讯内容，分享行业讯息，以及介绍最新产品等为主要目的的企业，应当选择订阅号。另外，如果希望把微信公众账号当成一个塑造品牌形象的宣传桥头堡，那订阅号也是首选。因为他们可以经常推送围绕品牌价值观、倡导品牌理念的消息。而一般不需要通过新鲜资讯等内容来吸引关注的知名品牌，如招行或南方航空等，他们则应更倾向于用服务号来缓解企业的人工客服压力。我们建议企业先从订阅号做起，毕竟，微信公众账号设立的初衷就在于优质内容的传递与分享，所以，可以先用优质内容来引导消费者，形成良好的沟通氛围以及品牌影响力后，再根据长期积累的客户数据与交流问题决定是否将订阅号升级为服务号。

5.3.3 试试双号运营与矩阵模式

自从微信5.0发布以后，许多企业在面临服务号与订阅号的两难选择时，决定试水双号运营。当然，由于客户通常不会同时关注一个品牌的两种不同公众账号，所以，如何将自己的双号进行差异化设计就显得很重要了。否则，企业很可能会陷入“账号多了，粉丝却少了”的窘境。

企业使用双号运营时一般以订阅号吸引新用户关注，以服务号维系老用户。通常，用户在决定购买产品前，会进行长期的筛选与甄别，这时，用订阅号来拉近关系，培养信任度就显得十分关键，同时，利用订阅号的用户查询数据，还能对企业产品进行适时的调整。而作为解决售后问题的服务号则可以用优质、专业的服务来维系住这些已经购买过企业产品的老客户，并适时向他们推送企业活动信息，慢慢将其发展为粉丝型用户。

对一些企业来说，仅仅双号运营并不能满足他们的需求，像户外运动品牌骆驼就开通了4、5个微信公众账号，包括官网、男鞋、女鞋、服饰等，这种细分化的矩阵布局是和品牌本身的营销需求相关的。

以国内最受欢迎的互动分享以及个性化定制的阅读软件ZAKER为例，已经拥有2500万用户和良好使用口碑的ZAKER在微信公众平台抢先布局自媒体，与120多家优质的微信公众账号合作，全面覆盖科技、娱乐、美食、财经、人文等领域，“今天就靠这个段子活了”“美丽女人帮”“笨鸟文摘”等账号的PV屡创新高，越来越多的用户选择在ZAKER上阅读公众号的内容。

5.3.4 公众账号取名技巧

对一个公众账号来说，除了营销方向、团队建设等大环节外，在取名、介绍、自动回复设置等细节上也很有讲究。

在微信上搜索公众账号有两种方式，一是通过微信号ID精确搜索，一是通过搜索账号名称，也就是关键词进行搜索。由于前者是由英文字符加数字组合而成，记忆度极低，因此后者，也就是账号的中文名称就成了搜索的关键，所以企业在为公众帐号取名时要格外谨慎。

公众账号的取名技巧主要有这么几点：1.较知名的品牌取名时宜采用“直呼其名”的方式，如天猫、大众点评网、NBA等，以免被用户在搜索时认错。2.突出功能，即在名称中加入主要服务的内容，如“秋叶PPT”“我的印象笔记”等。3.设置悬念，提问式取名，用切身的问题引起用户共鸣，如“什么能赚钱”“今晚看啥”等。4.标新立异，使用新鲜有趣的词汇取名，如“槽边往事”“乐活铺子”等。

需要注意的是，公众账号取名切忌名称太长或太短，或者指向过于宽泛，无法让用户第一时间把握其服务内容。

5.4 挖掘新粉丝，圈住老客户

微信时代，如何挖掘潜在用户，并设法增加老客户的忠诚度，是每个企业的微信营销策略的重中之重。传统营销领域，企业一般通过散发传单、礼品馈赠、市场调查、广告宣传、明星代言等方式进行新粉丝的挖掘，对移动互联网营销来说，这也有值得参考的地方，但企业应当更多地使用新的营销思维，利用移动互联网的特点进行相关开发工作。

5.4.1 如何挖掘新粉丝

一、利用QQ巨大的用户基数

我们知道，一个QQ用户往往会加多个QQ群，其中包括很多兴趣爱好方面的，如美食、汽车、摄影等。微信出现之前，已经有很多企业通过搜索QQ群名称的方式来精确定位自己的潜在目标客户。由于微信可以从QQ批量导入客户，所以，通过特定的QQ群将潜在客户吸引到微信上关注自己的企业公众账号，就成了许多企业在微信上挖掘新粉丝的重要手段。具体操作步骤如下：

1.寻找目标QQ群。不要胡乱加群，要针对自己的企业特点在QQ群里搜索关键词，做运动鞋的就不要随便加创意群，哪怕创意群以年轻人居多，其中有很多潜在买家也不行。因为创意群里的QQ用户并不喜欢在谈论创意时突然冒出一条运动鞋广告——哪怕他有这个购买需求。而且许多QQ群都有不许乱发与群主题无关的广告的群规。

2.加入QQ群。申请加入目标QQ群时一般需要填写加群理由，很多群不喜欢随便加群的人，因此，你应该先阅读一下群介绍，想一个与之相符的理由再申请。

3.经营QQ群。QQ群一般都禁止明显的广告，但我们的目的并非直接通过QQ群让目标用户购买我们的产品，而是将其导入微信之中，成为我们的新粉丝。所以，我们可以发布一些与QQ群主题相关的精美图片、有趣讯息等，并将企业微信账号的二维码嵌入其中。

4.群发QQ邮件。QQ收到群邮件，微信里是会提示的。因此，通过群发QQ邮件的方式，能让正在使用微信的用户直接从微信端点击你的邮件，如果这份邮件的讯息对他有用，你又适时在邮件末尾添加了微信关注方式，那就很容易将其发展为你的微信新粉丝。

除了以上几点，企业还可以在QQ群聊、群空间、群活动等方面做文章。总之，QQ群既是企业线上营销的重点关注对象，也是企业微信粉丝的重要来源。

二、利用微信会员卡

相信每个人的钱包里都至少有几张会员卡，但是，谁也不愿意看见钱包里塞满各种卡的窘境，所以，电子会员卡的出现几乎是必然的。移动互联网时代，微信的野心之一就是要充当商户与客户之间的桥梁，用微信会员卡替代实物会员卡。微信生活会员卡是针对购物中心的营销措施，用户可以通过扫描商场二维码获得此卡，并享受相应商家的打折优惠。当然，商家也会推送一些优惠信息与促销方案。

深圳海岸城就曾推出过微信会员卡，用户只要用手机扫描该商场商家的二维码，就能立刻获得一张电子会员卡，在消费时享受相应的折扣。这种营销方式成本不高，但却十分具有针对性。短时间内便吸引了一大批新粉丝。会员卡推出半年，其会员卡的重复使用率就高达90%。

微信会员卡优化了客户对商户的消费体验，也拉近了彼此的互动关系，更增加了用户的消费粘性。因此，希望通过微信挖掘新客户的企业，尤其是餐饮、商场、超市、服装、休闲会所等行业的企业，都应当把推广企业微信会员卡作为一项重要的战略部署来做。

三、利用论坛等其他方式

除了QQ群，微博群、行业论坛、贴吧等也是微信用户导入的重点，这些社群里的人都是根据相同的爱好聚集在一起的，营销的针对性较强。他们可能数量不多，但只要转化为你的用户，就很可能成为忠实用户。

除了线上，线下也可以成为你的微信粉丝入口，海报、传单、名片等都可以附上你的微信公众账号二维码，尤其是拥有线下实体店的商家，一定要跟上移动互联网时代的潮流，让购买过你产品的用户都成为你的微信粉丝——可以通过促销、打折等方式实现。然后再通过公众账号的信息反馈与特惠通知，让他们回忆起自己为何购买你的产品，并促使他们考虑要不要再买一次。

5.4.2 如何圈住老客户

开发新客户很重要，但留着老客户同样不能忽视，而且，相对来说，留住老客户的"性价比"更高。据粗略计算，争取一位新客户所投入的营销成本大约是留住老顾客所需营销成本的3倍到5倍。而提供优质的客户服务，便是有效维护老客户的方式。忠诚的客户、不会因为服务不佳而失去的客户，在他们一生中跟企业来往的期间，能给企业带来不知多少生意。

据《追求卓越》一书的作者彼德斯估计，在美国，零售店的一位老主顾，会在10年内购买5万美元的商品。忠诚的客户提供给企业3倍的回报，他们会主动再来购买，从而使得企业在他们身上投入的营销成本比招揽新客户所投放的成本要低得多；企业对忠诚客户很了解，不必在交易时花太多时间；同时，忠诚客户的购买量也较其他客户更多。

随着社会的发展，生活水平的不断提高，人们购物的目的已不仅仅是为了获得商品的使用价值，顾客的要求更加多元，要求更高，尤其对服务的要求更是越来越高。在市场竞争激烈、产品同质化的情况下，服务的差异往往决定一个企业的命运。企业要想获得成功，就要在服务上下工夫，以为顾客提供更快速的服务宣传自己，以此将自己同别的企业区隔开来，只有这样，才能将用户变成企业的忠实顾客。

在根据新客户资料建立客户档案的基础上，企业应当做到对新客户进行全程的贴心服务。全程服务指的是从客户询问产品信息，到决定购买，到产品配送，到使用说明，到售后服务，再到新产品推介的一系列服务，这其中，尤其要对用户的使用反馈进行详细地记录。虽然全程服务需要投入一定的精力人力成本，但由于微信公众账号的特性，只要做好相关环节的设计，事实上是要比传统线下的服务省时省力的多。

当然，企业不仅要提供优质的服务，还要给用户一个主动宣传自己优质服务的理由。我们知道，微信客户管理的本质就是建立快速的口碑传播效应，而口碑效应的产生一般需要两个条件：一是高质量的服务，二是具有传播特性的案例。

我们都知道海底捞的服务好，其中很重要的一点就是网上流传的大量在海底捞遭遇“变态服务”的案例：代打游戏练级、代叫其他店外卖等。有很多慕名而去的客户为了赶上潮流，即使只体验了正常的服务，回来后也会添油加醋地在微博、朋友圈等社交平台上进行“炫耀”。

同理，要想留住新客户，我们也要想方设法（发起有趣话题、节日促销等）鼓励新客户用亲身经历写一段被服务的经历，发表在微信朋友圈里，

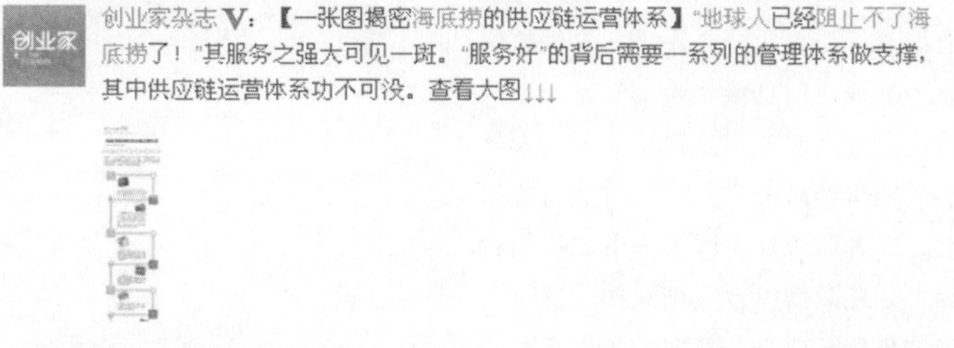

这不仅能帮你的企业做免费宣传，更重要的是，在进行案例编撰的过程中，这些新客户加深了自己与你的企业的感情联结。同时，为了向身边朋友“证明”自己的故事真实可信，他们也会选择再次使用你的产品。

5.5 微信内容策略：提供价值，坚持创意

企业营销应当以内容为重，尤其是微信营销，当你提供的内容将实用性、趣味性等元素完美结合在一起时，你的营销就成功了大半。如果你的企业能长期稳定地提供这种优质内容，你的粉丝便会主动分享它，进而将你的品牌影响力扩大到他的强关系好友圈中。

5.5.1 选择内容有讲究

在进行企业微信内容规划前，我们先要明确，用户一般在什么情况下会抛弃一个企业公众账号：提供的信息不准确或信息量太少，没有参考价值；广告太多；消息提示的方式太死板，图文排版没有美感；信息没有创意，或者时效性不强……由此我们看到，企业微信内容应当紧扣“价值”和“创意”两点，其中的“创意”又

可以细分为：版式优美、内容有趣、观点新潮等。在这两点基础上，我们将最适宜作为微信内容的信息进行以下归类。

一、专业知识

根据品牌自身的行业特点提供专业知识。这类行业一般是母婴、保健、电器、汽配等专业性较强的行业，其提供的知识也非一般生活常识，其订阅用户也多是有着明确需求的群体，因此，为他们提供你的专业建议，有助于建立权威，并适时推出你的产品。

二、促销信息

用户不喜欢直白的广告，但对促销信息却有很大的兴趣。“实惠”也是你能提供的“价值”之一。这种信息多适合快销商品、日用品等，因为这些商品的需求量大，并不需要过多的包装宣传，只需要让用户感受到切实“赚了便宜”就好。当然，虽然用户有相关需求，但却不一定喜欢在微信上收到类似信

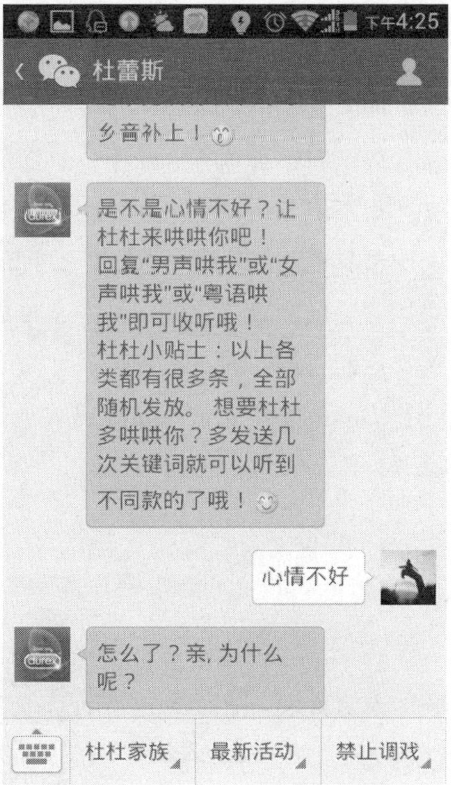

息，所以应当根据信息推送与粉丝涨落的相关规律适当调整消息推送频率。

三、幽默有趣

没人会排斥有趣的东西，但如何将自己的品牌和产品以有趣的方式呈现出来却是个难题。一般来说，成人用品企业、广告企业、自媒体等比较适合这种信息类型。

知名企业杜蕾斯就一直坚持走“逗趣”路线，其微信账号还专门设置了逗趣陪聊，用有趣的方式向用户介绍两性知识，其语言不仅诙谐机智，还时不时会恶搞一下，这种风格深受用户喜爱。

四、文艺小资

微信营销主攻高质量用户，而对文艺小资信息比较感兴趣的用户又是其中最具消费能力的潜力股。这种信息比较适合高价小众的产品：高端服饰、定制首饰、创意礼物等。针对有这些需求的小资用户，企业需要通过推送的信息为他们营造一种与众不同的服务体验，让他们感受到自己对你的关注带来的是高品质享受。

5.5.2 编撰标题有说法

除了信息内容的筛选，微信信息的标题也很重要，有的微信用户订阅了多个公众账号，每天都会收到许多条推送信息，要想吸引他们从众多信息中心选择你的信息进行阅读，取一个好标题至关重要。

首先，标题的长度应当在6～13个字之间，过多或过少都会降低用户的兴趣度。一般来说，微信信息标题的命名有以下几个窍门：

一、借用热点

一个好的标题应当既有新意，又让用户感到熟悉。如何调和这种表面上的矛盾呢？最好的方法就是借用热点词汇。借势营销一直是营销学里的重要手段，例如之前陈欧的聚美优品广告引起了一股“代言体”热，如果你是一家高端服饰企业，就可以选择“定制男装，为自己代言”之类的标题。

二、设置悬念

即采用疑问、反问等方式设置悬念，刺激用户的阅读欲望。这种悬念并非单纯的故弄玄虚，而是要符合目标用户的日常经历和困惑。例如“孩子不吃饭怎么办？”“启动资金少怎么创业？”。当然，有些悬念并不需要问句也能设置，如“你居然不知道性价比最高的汽车品牌！”“再不掌握这些你就out了！”。

三、咬文嚼字

信息内容有创意才能吸引人阅读，同理，信息标题也要有新意。最常见的创意标题就是利用汉语的博大精深，使用比喻、押韵、谐音等方式来让用户感到眼前一亮。如“视频广告遇挑战，死磕到底为哪般？”“青春就是要战‘痘’”等等。

四、突出卖点

如果你要推送的内容足够实用，你就不必想太过花哨的标题，而是直接把你的卖点用准确的语言概括出来就好，否则本末倒置，很可能会错过你的目标用户。如“戒不了烟？那就洗洗肺吧！”“史上最健康的作息时间表”“小心淘宝购物常见的五大骗局”等。

5.5.3 广告植入有窍门

我们知道，如何在推送的信息里巧妙加入自己想要用户关注的产品、品牌信息才是微信内容策略的关键。很多企业都知道软文比广告更有效，但如何撰写软文呢？

一、在故事情节里植入

微信公众账号推送的信息以故事类的最受欢迎。我们从小就爱听故事，阅读故事的门槛也最低。相比专业的咨询，故事更能增加我们的阅读快感。

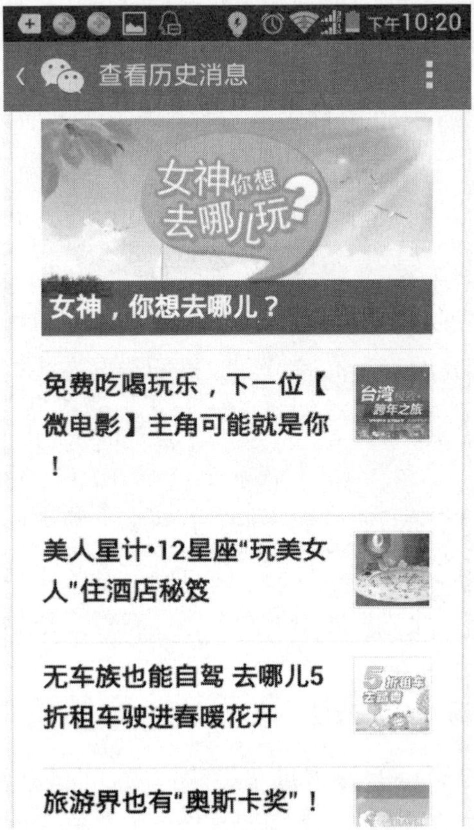

因此，将产品信息巧妙嵌入到故事情节中，如在旅行故事中嵌入酒店、旅行社的优质服务信息，在生活温情故事里嵌入一些性价比高的家用品信息，在爱情故事里嵌入影楼、婚礼策略的信息等。用户在记住故事的同时，也就记住了你的企业品牌。

二、在幽默段子中植入

有趣的段子也是微信用户最喜欢的信息之一，如果你的企业品牌很有"槽点"，那一定不要放过"自黑"的机会。前面提到过海底捞提供"变态服务"的例子，如果对一些案例加以夸大，就会成为有趣的段子，如：

"今天去海底捞吃饭，忘带钱了。领班不仅没问我要钱，还掏出50块给我打车。我感动地说：'等我有钱买车了一定给海底捞当义务司机。'听完领班立马掏出一张银行卡让我马上去买。旁边一服务员也凑上来：'听大哥口音不像本地人，估计没有北京户口，我马上帮您去排队摇号。'"

类似的段子还有很多，下面这个推车也是其中之一。它虽然来自微博，但也可以运用到微信当中。

三、在优美图片中植入

微信的消息形式多种多样，千万不要只发文字消息，适时推送一些与主题相关的精美图片也是很有必要的。而在图片中嵌入企业品牌名称或LOGO，有助于强化用户对你的记忆度。同时，你也可以在图片的选择上做文章，如咖啡店在推送“上海最精致的十家咖啡店”的图文时，就可以把自己店的图片和介绍放入其中。

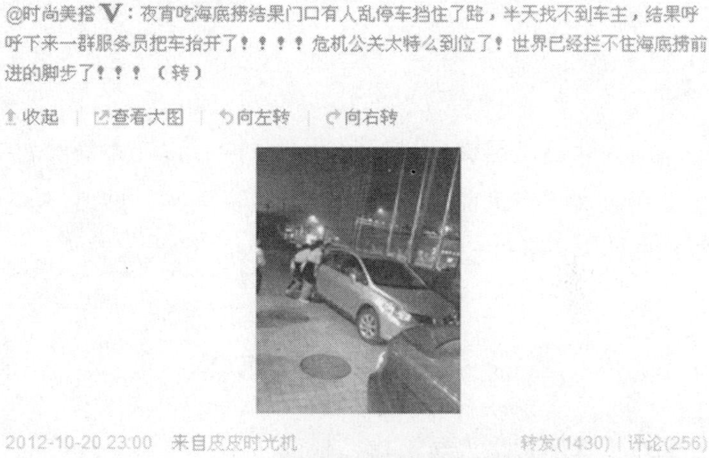

四、其他植入方式

除了上面三点，我们还可以通过讨论舆论热点适时植入自家产品，在信息开头增添“大家晚上好，××为您带来最新行业资讯”等文字，在文章末尾加上自家企业二维码或有特色的简介等。总之，只要有心，你的每天信息里都能成为一条优质的广告。当然，这里要再次提醒大家，营销信息的植入也不要过于密集，类型更不能千篇一律，否则久而久之，用户熟悉了你的套路，也会生出审美疲劳。

5.6 一对一陪聊，将个性服务做到极致

前面我们已经提到过，移动互联网时代广大消费者更加注重的是情感体验，所以对于商家而言，谁做好了客户服务，谁抓住了客户的心，谁就能牢牢地抓住客户的钱包，谁就能成为商场上的大赢家。

5.6.1 用个性服务弥补产品同质化

对于每个营销人员而言，他们所销售的同一件产品是无差别的。例如，某企业推出同一型号的手机，无论是售出一部还是数百上千部，这件手机产品都是没有差别的。然而，我们所面对的顾客却是形形色色千差万别的。同一款手机，有些人买是为了上网娱乐，有些人是为了商务助理，有些人是为了听音乐或玩游戏……不同的消费者哪怕对于同一件产品也有不同的需求与偏好。那么，我们如何让同一件产品满足人们完全不同的要求呢？

答案就是：服务。

服务的概念十分广泛，它包括，具有无形特征却可给人带来某种利益或满足感的、可供有偿转让的一种或一系列活动。服务具有不可感知性、不可存储性以及品质的差异性。可以说，在产品高度同质化的今天，“服务创造价值”的时代已经来临。我们在进行产品销售的过程中，销售的不一定是产品本身，而更多的是你能否为顾客提供他所需要的服务。

5.6.2 用“一对一”提升服务体验

前面我们已经强调了在微信上做服务的重要性，这节就主要介绍企业在

微信上所能提供的最贴心，也是最能增加用户粘性的服务：一对一陪聊。

微信附带的语音对话功能可以极大拉近用户和企业的距离，企业通过一对一陪聊（文字、语音、图片等多种形式），不仅可以增加用户对企业的好感度，还能快速掌握用户的信息反馈，及时解决问题，久而久之便增加了企业员工的工作效率。同时，这种一对一陪聊的模式在口碑宣传推广上也很有优势，一些忠实用户必定会向朋友进行推荐。

著名洗发水品牌飘柔就是提供微信一对一陪聊服务的践行者之一。飘柔在微信上的账号名称是“飘柔Rejoice”，用户只要把这个账号加为好友就可以和它进行实时聊天了。和“飘柔Rejoice”聊天后你会发现，它自称“小飘”，不仅会回答你的提问，赔你闲聊，甚至还会在你无聊时提供点唱服务。不管你喜欢王力宏还是周杰伦，它都能为你演唱相关的歌曲。唱完之后粉丝还能对“小飘”的唱功进行评价。除此之外，“小飘”还能提供星座运程等方面的指导，这种多形式、趣味性强的互动使得飘柔短期内就吸引了大量粉丝关注。有很多粉丝将“小飘”当做一个能让自己开心的朋友，经常和它聊天。飘柔成功利用“小飘”的一对一聊天服务在微信打响了名气，并积累了一批忠实粉丝，更塑造了飘柔对用户贴心的良好品牌形象。

小米手机的微信公众账号没有设置关键词回复，而是安排9位客服人员，每天回复近百万的粉丝留言。虽然这种一对一回复的工作量极大，但小米还是坚持在做，作为粉丝营销的代表企业，小米坚持给粉丝最好的服务体验。这种做法进一步增加了小米粉丝对小米的热爱。

5.6.3 限定主题，降低服务难度

虽然很多企业都发现了一对一陪聊的巨大影响力和粉丝效应，但最终成功的却很少。除了硬件、人力方面的问题，更重要的是，大部分企业没有自己的核心思路，由于缺乏主题，它的一对一聊天里的回复杂乱而无价值。因此，企业在打算进行微信一对一聊天服务时，应当先设定一个有趣或者热度较高的主题，有了主题，聊天的内容才不会天南海北，这样既改善了粉丝的聊天体验，也降低了员工的服务难度。

2013年，上海沁春美容有限公司旗下的雀笼女子会所进行了一次成功的微信营销，它委托翼阵团队进行一场针对互联网+移动互联网平台的品牌影响力推广活动，其中的重头戏就是微信品牌“爱雀笼”。爱雀笼主打的旗号是“电子闺蜜”，即通过塑造一个无所不知的闺蜜形象，在一对一的聊天服务中为女性客户提供全方位的生活服务指导：从输入身高计算标准体型，到为减肥的女性提供饮食建议，再到参加聚会时的服饰选择等。这种实用性通过一对一聊天的私密性方式呈现出来，极大地增加了用户的好感和依赖。很快，“爱雀笼”这个电子闺蜜就成了一种女性时尚，在收获50多万

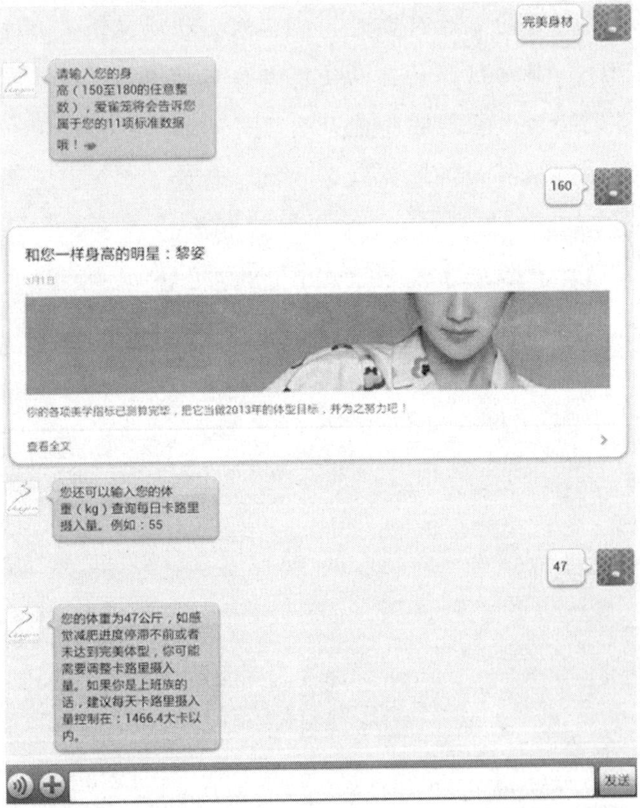

粉丝的同时，也发展了大批新客户。

的确，服务既要用心，也要有创意。很多时候，我们都可以采用个性化服务来促进我们的销售。通信服务中通过给顾客定制不同的套餐组合，理财、保险行业的业务员针对特定顾客提供对其有利的业务办理建议，健身会所为每一名会员建立独特的健康档案……这些都是通过差异化的服务，来为自己推销的产品锦上添花的方式。微信一对一陪聊也是其中一种，只是，如何开发自己的一对一聊天模式，是每个企业需要根据自身的资源与特点进行探索的，希望所有的企业都能在不断的摸索中找到最适合自己的道路。

第6章

O2O营销：全面打通线上线下

移动互联网时代，改变最大的是什么？或者换个问法：我们感到最方便的是什么？答案当然是互联网世界与现实世界的互动。在这个领域中，通过将线上虚拟世界（Online）和线下现实世界（Offline）进行互动，让互联网成为线下店面的前台而产生的新型商业模式，就是O2O营销模式，有了这个营销模式，线上线下的世界之间将不再存在障碍。

6.1 O2O营销的基础、模式与策略

O2O的涵盖非常广泛，只要产业链中既可涉及线上，又可涉及线下，就可统称为O2O。O2O的本质是传统营销方式借助“电子”，借助“互联网”的力量的升级。鉴于其特有的便利性和优越性，O2O营销模式已经成为了移动互联网时代，倍受关注的营销行业的新宠。

6.1.1 O2O为什么这么火

在O2O营销模式中，店铺是核心，电子商务只是辅助手段。店铺要想方设法在网上寻找目标消费者，然后将他们带到现实的店铺中。对消费者来说，他们在这种模式下既享受了互联网快捷流畅的信息体验，也不用因为没看见实体产品而产生种种怀疑。而对商家来说，他们既为实体店增加了客流量，也能通过线上的数据（预约、支付情况）积累有价值的营销信息。

相比传统电子商务模式，O2O的开发前景更加广阔。最早提出O2O概念的美国人阿列克斯·拉姆贝尔指出：美国电子商务的每年平均客单价大约1000美元，而美国人的平均收入则是40000美元。也就是说，O2O的商务规模在理论上可以达到传统电子商务规模的10倍20倍以上。创新工场CEO李开复也表示，O2O未来会改变中国，线上、线下一旦连起来，这是巨大的爆发式力量。

O2O创意营销正逐渐成为企业的主要选择。2012年1月12号，在比利时首都布鲁塞尔举行的车展上，为了吸引更多人关注自己的品牌，Mini官方在户外停车场做了一个有趣的装置：用一根绳子绑住一辆Mini汽车，中间则摆放了一个喷火装置。该装置和Mini的Facebook账户相关联，在现场参加车展的人只要关注其官网，就会被系统列入到队列中。进入队列的每个人都有一次用喷火装置喷火的机会，谁先将绳子烧断，谁就获得这辆Mini汽车。

这次创意活动不仅吸引了大批参加车展的爱车人士的关注和参与，还顺利地将他们变成了自己社交账号的粉丝，成功地将线下的目标用户导入到线上，为后续的营销和推广积累了优质用户。

6.1.2 O2O的四种模式

下面先介绍四种常见的O2O模式：

一、Online to Offline

即线上交易到线下消费体验商品或服务。这个模式比较常见，团购就是其应用中最典型的一种。用户在网上发现产品并完成支付，最后去线下实体店体验产品和服务。

二、Offline to Online

即线下营销到线上完成商品交易。这个模式在日韩流行得比较早，企业通过在线下做营销（实体店提供优惠二维码扫描等）在线上实现交易。像1号店这种网上零食商城就曾采用过类似营销手段。

三、Offline to Online to Offline

即线下营销到线上商品交易，再到线下体验商品或服务。这种模式看似复杂，却是中国人接触的最早的O2O模式。如中国移动搞的“预存话费送金龙鱼油”的活动，就是在线下进行营销，然后到线上进行支付，最后到线下领取赠品的活动。

四、Online to Offline to Online

即线上交易或营销，到线下消费体验商品或服务，再到线上交易或营销。这种模式比较复杂，应用的范围也不够广泛，但对特定的企业或产品有较好的营销效果。

6.1.3 O2O营销的基本策略

一、完善线下产品服务

O2O营销的重点还是在线下产品的质量。其实，不论是哪种O2O模式，其核心都应该是方便消费者，优化消费者的消费体验。移动互联网时代，每天都会有许多新名词、新概念冒出来，但真正能获得成功的，还是真正关心消费者的企业。正如达鑫投资董事总经理徐文辉所说：“O2O模式让传统行业找到了新的营销手段和销售渠道，但企业经营最终还是要落在品质和品牌的结合。”

二、做好在线支付

O2O营销模式能够持续有效的关键环节是在线预付。数据显示，电子商务最发达的美国的线上消费的比例也只有8%左右，大部分人还是更倾向于去实体店购物，因为这种社交体验在一切都将被互联网虚拟化的今天显得更加难得。但O2O不同，它既拥有线上产品展示带来的快捷流畅的信息体验，也拥有线下实体店体验产品带来的踏实放心。而联系这两个环节的就是在线支付功能。没有在线支付，用户从在网上选好心仪的产品到去实体店购买，这中间很可能产生无数的变数，毕竟一般人不会每天都出去买东西。而有了在线支付，就能保障用户不会出现被其他因素干扰，以至于“忘记”去买你的产品的情况。所以，企业必须保障其在线支付服务的快捷与安全。

在线支付不仅是支付本身的完成，是一次消费活动得以最终完成的标志，更是消费数据唯一可靠的考核标准。以团购为例，如果某团购网站没有在线支付功能，仅凭网购后自家的统计结果去和商家要钱，双方肯定会因为实际购买人数的统计无法统一而产生纠纷。

三、注重本地化营销

从长远来说，营销的一个发展趋势就是本地化。以自身位置为坐标查找附近信息已经成了很多人经常使用的手机功能。不论你是本地居民，或是到这里来玩的游客，都可以通过搜索附近商铺来找到自己需要的各种服务，因此，商铺必须做好本地化营销。

麦当劳曾在瑞典做过一次将O2O与本地化相结合的营销活动。消费者登录活动网站选好

自己喜欢的麦当劳食物后，就可以在街头的麦当劳广告看板玩小游戏，游戏挑战成功后就可以到附近的麦当劳免费获得当初在网上选好的食物。

这种方法成功地将附近的人吸引到了麦当劳餐厅里消费，最大限度地开发了来自本地的客流量。

四、实力不足创意补

传统企业本来就不容易接受移动互联网思维，就算有点互联网常识的，也大多被几个早已炒烂的案例给限制了想象力。其实，O2O是未来的发展方向没错，但它并没有那么难，中小企业并不需要像百度、阿里巴巴那些巨头一样把精力放在完善生态链、塑造闭环帝国上。只要敢于突破传统思维，传统企业就有可能玩转O2O营销。

以危地马拉的时尚运动鞋品牌Meat Pack为例。它在自己推出的顾客积分App中添加了一个有趣的插件：当安装该App的用户走进耐克、阿迪达斯等竞争对手的门店时，GPS功能会立即向他们显示Meat Pack的倒计时优惠信息，最开始的优惠幅度高达99%，之后每过1秒就减少1%，当用户走进Meat Pack的门店，倒计时就会停止。这种明目张胆的抢客户行为取得了不小的战绩，一周之内就有600多名顾客从耐克、阿迪达斯的店里跑了出来。

Meat Pack的成功让我们发现，原来用户对大品牌的偏爱并没有到非买不可的地步，对中小企业来说，只要找准刺激点，并采取合适的创意，就能打大品牌一个措手不及。

6.2 不可小觑的二维码：扫一下链接一切

就现在来说，二维码已经随处可见：杂志里、广告牌上、商务名片上，甚至有人把它们印在T恤衫上。它们已在悄然间占领了我们生活的每个角落，我们甚至来不及回忆是从什么时候开始习惯了这些奇怪的小小正方形图案的。是的，这种很像立体条形码的东西就是二维码。

20世纪90年代中期，丰田公司的一家子公司为了追踪汽车配件发明了二维码。如今，二维码由于其成本低、输入速度快、准确率高，已经渐渐成为人们网上关注、购物、支付的方便入口，也是企业进行线上营销的关键阵地。二维码一键连接线上与线下，可以极大增加用户参与营销活动的便捷度与趣味性，所以也是O2O营销的主要手段之一。

对市场营销人员来说，二维码的潜力和应用都不可限量，因为二维码几乎可以用任意尺寸打印在任何地方，而且都不影响用户的扫描效果。消费者扫描二维码后立即就能登录到相关网站或交互式广告平台，这对O2O营销来说是最快速便捷的通道了。虽然也有人对二维码的移动互联网营销作用持怀疑态度，如Comscore移动高级副总裁马克·多诺万就说过：“有很多方法可以将移动营销有效地整合到现有的媒体和市场活动中，以便接触到目标消费者群体，而二维码只不过是其中之一罢了。”但这些意见并不能掩盖二维码风头正劲的事实。

6.2.1 二维码互动，引爆人气

时下众多以年轻时尚人群为目标的平面媒体都把目光投向了二维码购物上，他们在服装、化妆品、包的图文介绍旁边都加上了相应的二维码，让读

者在阅读报刊产生购买欲望时可以立即通过拍摄二维码跳转购买页面。这种模式被广泛使用，甚至渐渐成了二维码营销的标准模式，但这种做法虽然看起来很有针对性，也在事实上取得了不错的效果，但其本质上和网络购物没有区别。二维码作为链接线上线下的高效通道，其最具有战略意义的营销方式应该是通过互动来增加产品人气。

著名内衣品牌维多利亚就做过一个经典的二维码互动案例，它在户外放置了一个诱惑力十足的广告牌，广告牌上的模特一丝不挂，只在胸前盖上了二维码，旁边配的广告词是“Reveal Lily’s secret”（来揭开莉莉的秘密吧）。很多用户被吸引拿起手机拍摄该二维码，结果答案揭晓，原来二维码背后是维多利亚的“秘密”系列内衣。显然，路人不会觉得被维多利亚戏弄了，相反，他们会记住维多利亚的这次创意营销，也会记住维多利亚秘密内衣带来的诱惑。

为解决超市中午人流量和销售量低的问题，韩国Emart超市也利用二维码进行了一次创意互动营销。它在户外设置了一个QR二维码装置。一天中的其

他时段都扫描不出这个QR二维码链接。只有在正午当阳光照射到它上面产生投影后，这个QR二维码才会正常显现。此时用手机拍摄这个QR二维码就能获得超市的优惠券。这一营销措施成功吸引了很多客户在中午来Emart超市购物。

二维码可以链接的东西很多，除了图片，还有音乐、视频等。国内也有过许多尝试，如畅销书《我们始终牵手旅行》的封底上就有一个二维码，扫描之后就会发现，这是该书作者左手的一支同名单曲。这一模式现在已经成为图书营销的必要步骤，绝大多数书籍都会在背面印上二维码，或是该书作者的个人信息，或是该书出品方的微信公共账号，亦或是同系列其他书的销售信息。

6.2.2 给用户一个拍二维码的理由

无论采用何种二维码营销模式，都需要解决一个问题，那就是用户为什么要去拍摄二维码？虽然这个过程并不繁琐，但移动互联网用户却并不喜欢做没有意义的事。因此，企业不仅要让二维码营销动起来，还要用创意给用户一个动手拍摄的理由。

一次车展上，汽车商没有像惯常那样单纯用靓丽的模特来吸引眼球，而是在模特胳膊上印上别致的二维码。这种做法有一个先天的好处，那就是本来人们在车展上就会习惯性拿出手机来拍照，这样就省去了刺激用户拿出手机的过程。当然，汽车商也没有忘记模特的作用，在二维码拍摄后的转换内容里，不仅有汽车的车型等信息，还有该模特的姓名、身高等，还可以与车模进行加关注、发消息等互动。

为了区别于传统的黑白相间的，缺乏美感的二维码，很多企业在二维码形象上进行了创意设计。

移动、联通、电信、红星美凯龙等企业就尝试将自己的LOGO设计成个性化二维码。联通把其二维码设计成了与LOGO相匹配的中国结样式，让用户感到很新奇。时代华纳公司旗下的HBO电视网在其吸血鬼题材的剧情片《真爱如血》（True Blood）的电视广告中，使用了滴血的二维码图案。

6.2.3 二维码营销结合社交网络

仅仅让二维码变化一下形态还不够，要想真正开启二维码营销市场，未来就一定要把二维码和社交网络相结合，快速融入移动互联网的世界中。未来二维码的一个发展方向应该是通过拍摄链接到有价值的信息，并设置社交账号的快速入口，方便随时保存、分享到自己的社交账号，并关注信息发布者的社交账号。这样，用户和企业就可以在社交网络上进行进一步交流。同时，为了解决现在很多用户在拍完二维码之后，因为没有看到自己最在意的信息而选择忽略造成的用户流失问题，企业应该在二维码链接平台上设置人工服务功能，为用户提供即时服务，进一步提高购买转化率。

如此一来，二维码营销就能可从简单粗暴的广告投放和单纯的创意设计中跳脱出来，形成一个以二维码为沟通链接的更加精准的营销渠道，其所能给企业带来的营销效用将不可限量。

6.3 全面剖析五大O2O试水案例

从2010年异军突起到之后的疯狂成长，O2O让许多企业如痴如醉。虽然现在很多企业已经不再热炒概念，而是踏踏实实地去布局、发展，但这不代表现在研究O2O营销的成功案例就失去了价值。移动互联网时代，O2O终究是大势所趋，无数新企业都会先后涌入其中，它们需要看清楚前人究竟是怎么探索这种新的营销模式的。

下面就来介绍一下近两年五个试水O2O的经典案例，它们各有侧重，也各有成败，相信对不同的行业从业人员会有不同的借鉴意义。

6.3.1 最顺畅的O2O：绫致时装

丹麦著名时装品牌绫致时装很早就和微信开始合作了。它先通过线下店面的微信扫码将用户链接到线上，通过线上线下的搭配使得消费者看到更多的绫致时装。这种做法令线上得以享受线下的流量，线下又能享受到线上的种种服务。合作半年左右，绫致时装基本打通了其线上线下的结合。

绫致时装的这种O2O模式受到同行的肯定，但模仿的门槛比较高。通常服装品牌的O2O会遭遇线下各店铺反应不积极、各商场促销折扣无法统一等问题。而绫致时装由于做的是直营店，而且服装价格统一，因此就不必考虑这些因素了。

6.3.2 最踏实的O2O：银泰百货

银泰百货一直是零售业的标杆企业，银泰的O2O营销策略的重点是对用户的识别、定位与互动。银泰的线下大型百货商城和购物中心基本完成了全场WiFi覆盖，用户进入商场后若是打开WiFi链接，附近的门店就会向其推送各种消息。这些消息相比街头随机派发传单要更加精准，因为这些消息是店铺在分析该用户在全网的消费记录数据后，按照其消费偏好筛选的。

这也是大数据时代，零售业O2O发展的一个主要方向，即贯通线上线下的数据，为潜在用户提供个性化的精准营销服务。

银泰的这种做法在零售业中并非个案，但无疑，它是做的最早，也最踏实的。这也吸引了互联网大佬阿里巴巴的注意。2014年3月31日，阿里巴巴集团宣布53.7亿元港币投资银泰商业集团，这笔交易被业内人士看做是马云布局O2O的大手笔投入。天猫虽然在每年双十一都取得了惊人的销售额，但由于受到众多线下商家的抵制，所以其O2O进展并不顺利。这次马云投资银泰，就是看中了它在这块的稳固基础和丰富经验。

6.3.3 最标准的O2O：居然之家

居然之家是融家具建材市场、乐屋家装、居然在线、丽屋超市等多业态为一体的大型主题购物中心。作为传统企业，居然之家虽受到天猫的围追堵截，但它并没有束手就擒，而是开始了自己的O2O战略。居然之家的战略目标是打造建材家居领域的垂直平台电商，从标准O2O模式切入，按地区设立分站点，坚持线上线下“同一经营主体、同一产品、同一价格、同一服务”的四同原则，让电商与线下的家居卖场之间发生真实而剧烈的化学反应。

由于家居建材行业比较特殊，销售的几乎都是大件商品，在验货、物流、安装等方面容易产生种种问题，而单纯的网购缺乏体验感，所以并不受到人们追捧。因此，家居建材电商必定要采用“线上线下共同发展”的O2O模式。当然，这种模式也意味着家居建材企业将来一定不会只是一个线下的家具卖场，它还会成为一家数据和IT公司。正如北京居然之家电子商务有限公司总经理汪小康所说的那样："O2O模式的实质便是实现线上线下无缝融合，基础则是数据一元化。未来居然之家要实现三个层面的数据统一：一是实现所有店面的数据统一；二是实现线上和线下的数据统一；三是实现居然之家和品牌商户的数据统一。当所有数据实现统一，居然之家便可通过O2O模式实现全渠道营销。"

6.3.4 最成功的O2O：星巴克

星巴克是最早触网的传统餐饮企业之一，早在1998年，星巴克就有了官方网站Starbucks.com。星巴克CEO霍华德·舒尔茨曾打算把星巴克打造成一家通过网络销售咖啡、厨房用品等产品的互联网公司。

星巴克可以说也是最早触电O2O的传统企业之一，它通过提供免费线上服务（Online）为线下门店（Online）吸引并留住了大量顾客，在大幅增加收益的同时，还树立了良好的品牌形象。在移动互联网发展迅速的时候，星巴克第一时间组建专门团队运营其Facebook、Twitter和YouTube账号。很快，星巴克就成为了各大社交网络上最受欢迎的餐饮品牌之一。这些都为星巴克的O2O战略打下了良好的基础。

2009年之前，星巴克开始为客户提供短信查询附近门店的服务，2009年9月，星巴克正式推出了App"myStarbucks"，通过它用户能更快捷地查询附近的店铺及菜单信息。此后，星巴克相继推出了多款手机应用，通过种种有趣又实惠的方式保持移动互联网端的营销热度。2011年1月，星巴克再迈出关键一步，推出自己的移动支付客户端，这一年星巴克在移动端就达到了2600万美元的销售额。紧接着，在2012年8月，星巴克向移动支付企业Square投资了2500万美元，三个月后便正式在其门店使用Square刷卡服务，并通过"10美元购买激活即送10美元余额"的方式进行推广。这些举措为星巴克的O2O线上线下融合起到了不小的加速作用。

目前为止，星巴克已成功建立了“官方网站+网络社区+社交媒体”三者紧密结合的线上运营体系，从O2O的角度来说，星巴克的线上部分已经能够高效地负担其品牌推广、产品销售以及客户关系管理。通过近几年在移动支付领域的投入，加上移动互联网的发展特点，星巴克的线上和线下已经实现高效无缝融合。

6.3.5 最边缘的O2O：京东商城

O2O的影响力并不只局限在生活服务、门店零售等“看得见”的地方，仓储、物流等配套服务也深受其影响。京东由于缺少自营的线下门店，所以它更倾向于做平台型O2O，但另一方面，它又不具备天猫这样的巨大流量入口，所以，它将重点放在了自建的物流网络上。据悉，在京东负责O2O的正是其物流部门的负责人，由此可见其O2O战略必定是建立在物流基础上的。

2013年开始，京东立足于供应链的整合与优化，在仓储物流推行六大举措，分别是：一、开通400热线，实现便捷沟通；二、建立快速通道、提升入库效率；三、实施“当日预约、次日送货”；四、筹建转运中心，支持全国铺货；五、推广协同发货，缩减交付周期；六、开放仓储服务，实现跨越发展。同时继续在成本控制、库存优化和信息共享等方面发力，为供应商提供最好的仓储物流服务。

截至2014年3月，京东已建立了总面积超过130万平方米的82个仓库，覆盖全国476个城市的1485个配送站点。京东首创的“211”限时达、当日达、次日达等服务，也早已成为全国电商行业的配送服务标杆。不要小觑这种优秀的物流能力，正是它最大限度地释放了中国互联网的在线购买力。

京东主打的以物流为基础的O2O平台战略为厂商提高了货物周转率，降低了其周转时间成本，从而达到了优化整个供应链布局的共赢结果。

6.4 美特斯邦威：用科技“绑架”消费者

O2O的最终目的就是打通线上与线下，让消费者享受无缝服务，所以，这也是O2O营销的关键所在。设想一下这样一个场景：当你在一家服装品牌的店面逛累了，走几步就可以找个地方舒服地坐下来喝喝咖啡，看看报纸杂志——这一切都在这家门店内发生。如果这时候你还想继续挑选这家店铺里的衣服，又懒得再起身，就可以拿出移动设备连接店铺提供的WiFi，进入店铺的官网，或者用该店铺的App进行线上选购，选好了由店面服务人员拿来让你试衣，满意的话你可以选择现场付款，也可以在移动端在线支付……这就是O2O的真实价值，也是零售等行业未来发展的方向。

当然，这种场景并非只是设想，著名服饰品牌美特斯邦威（简称美邦）已经开始了这种高级O2O的尝试。美邦是服装行业内公认的O2O做得比较领先的企业，其电商起步较早，2009年即已搭建电商平台“邦购网”。2013年，美邦在其他企业还在对O2O持观望态度时率先将O2O战略落地。2014年，美邦新开设的重庆新华国际店已经实现了本页第一段中介绍的那种O2O消费场景——此时，许多其他著名服饰品牌还停留在策化O2O策略的阶段。

下面我们就来看看美邦的O2O营销究竟有哪些值得关注的亮点。

6.4.1 在线下设施中嵌入线上服务

美邦在重庆的体验店是一家全品牌集成店，囊括美邦旗下的Meters/bonwe、ME&CITY、ME&CITY KIDS和Moomoo四个品牌，消费者可以从这家店里找到从儿童到成人的所有服饰品类。全品牌意味着店铺占地面积大，美邦重庆店共有四层，为了让顾客感受到最好的线下服务，也为了最大限度地激发顾客的购买需求，美邦在店内设了咖啡吧，里面提供免费书刊浏览。

通常情况下，消费者逛街逛累了会选择找家餐厅或咖啡店休息，之后便不会再去同一家店，而美邦的这种设置就避免了这个问题，消费者在美邦的咖啡吧休息之后，还会继续待在美邦的店铺里挑选商品。另一方面，美邦还在咖啡吧提示消费者：这里有免费的WiFi，你可以登陆邦购网，或者登陆美邦App在线上购物。美邦用咖啡吧留住逛累的消费者，再用线上服务来进一步挖掘用户的购买需求，效果显而易见。

6.4.2 用“时尚顾问”升级用户体验

美邦为了融合线上线下，提升顾客的消费体验，在很多方面花了不小的心思。

在进店的地方，有一个显眼的万花筒电子屏幕，让消费者一进门就感受到浓浓的科技感与现代感。这在提升美邦店面档次的同时，也促使消费者在美邦的店里更加倾向于使用科技产品。为了进一步提升顾客的消费体验，美邦在每个楼层都设置了名为“时尚顾问”的互动装置，顾客只要扫描一件衣服的条形码，该装置都可以立即为顾客提供相关的搭配意见。在试衣间，内置在Pad上的搭配推荐系统也会给顾客显示搭配效果，让消费者在试衣之前就能了解所选的衣服怎样搭配起来更好看。

该系统不仅能显示搭配方案，还能列出该商品的详细信息，在方便顾客挑选的同时，也提高了美邦工作人员的工作效率。

6.4.3 打通线上支付，完善售后环节

如果消费者对推荐的搭配比较满意，可以直接在Pad上登陆云支付系统进

行付费。消费者如果看中了系统推荐的搭配，线下试穿比较满意，又懒于去排队结账，就可以直接在Pad上扫描支付。美邦目前支持支付宝和微信两种支付方式。同时，邦购网与美邦App也接入了线上支付功能。

除此之外，如果某家店铺内出现缺色断码的问题，美邦也通过Pad联网的方式提供了完善的解决方案。消费者如果在一家美邦店铺看中喜欢的衣服却被告知缺货，美邦就会在线联系离消费者家最近的美邦店铺进行配送服务。这种做法既最大限度地减少了销量流失，也提升了顾客对美邦品牌的好感度。

6.4.4 积累数据，建立客户关系管理系统

美邦认为，要做好O2O，就必须在宏观上给予足够的重视。除了领导层的重视程度，还有整个团队的互联网思维训练，以及线上营销的团队建设与长期经营。美邦在通过微信订阅号向附近用户推送促销信息外，还通过店铺内的WiFi数据来检测用户在哪层停留时间较长，对哪些商品的挑选次数更多。加上线上购买记录数据，美邦期望能够建立一个完善而精准的客户关系管理系统。

美邦的O2O营销策略有很多值得借鉴的地方，它以提升用户体验为基准，开发出很多让人耳目一新的软硬件设施，其中“时尚顾问”是一个不容忽视的亮点。在咖啡吧提供WiFi虽然也是一个妙招，但其作用体现在用户休息时，对现场消费的刺激不够。而时尚顾问主要服务于顾客的购物阶段，在通过高科技装置为用户提供高级体验的同时，也通过“直观显示搭配结果”悄悄改变了消费者的消费习惯，极大提高了美邦的销售效率。通常情况下，顾客为了买一件合适的衣服，会反复挑选和试衣，时尚顾问的出现帮助他们更加直观、便捷地找到最适合自己的穿衣搭配，提高购物效率的同时，还刺激他们进行关联消费。这种用科技改变消费者的消费习惯，进而提升业绩的策略值得大家借鉴。

6.5 眉州东坡三步走：餐饮企业的O2O思路

O2O的关键在于从线上营销到线下销售整个流程的顺畅。这点在餐饮企业当中尤其重要。对餐饮企业来说，发展线上推广、销售业务相当于将自己的线下实体店虚拟化拓展开来，突破店面的空间局限，打破餐饮企业的“翻台率”（餐桌使用率）魔咒，同时还减轻了实体店服务人员的工作压力。但是，线上销售的关键还在于与线下送餐系统进行无缝对接，只有这样才能最大限度地提高业绩。

以眉州东坡集团为例，它是国内较早进行O2O实践的餐饮企业。目前，其O2O营销已经发展得比较深入：它借助第三方O2O平台将线上消费者导入门店，同时将线下产品引入线上进行销售，并重构了整个外卖供应链，实现了线上与线下的高效互动融合。

当然，作为餐饮企业试水O2O的优秀案例，眉州东坡一路走得并不顺利。下面我们就来全面回顾一下眉州东坡的O2O营销过程。

6.5.1 打造专业平台，融合订餐渠道

2013年5月27日，眉州东坡推出了“527美食速递系统”，该系统的最大贡献在于实现了手机App客户端、眉州东坡美食速递网、美食热线三大外卖订餐渠道的“融合”，这也被同行视为眉州东坡试水O2O的关键第一步。

但这第一步走得并不顺畅。

早在2010年10月，眉州东坡就试图打造属于自己的电商平台，并委托软件公司进行系统的研发。但是，该软件公司对互联网用户体验并不擅长，而

眉州东坡又十分重视每个网页的设计感，甚至连每个按钮的布置都十分在意。在几番修改之后，时间已临近眉州东坡向外界宣布的系统上线时间，但软件公司仍然没能做出让眉州东坡满意的网站。

为了履行对消费者的允诺，眉州东坡找到了一家专门服务于餐饮企业的O2O电商平台：易淘星空。易淘星空主打三块业务：一是网上订餐，用户可通过其网站进行网上订餐，并享受更多折扣，这是其O2O的核心业务；二是系统开发，即帮助传统餐饮企业打造专属的电商平台；三是利用其送餐队伍帮助餐饮企业送外卖，这是其O2O业务的延伸版块。

易淘星空的CEO张洋对眉州东坡的订单也表示头疼："我们要在不到一个月时间制作针对苹果和安卓系统的两款手机App应用程序，同时搭建起一个能够订餐、支付的电商平台，其难度相当于组建一个全新的电子商务公司。另外，由于苹果App Store的审核时间需要一周，这意味着，留给我们的时间只有20天。"但是，易淘星空最终还是克服了重重困难，在5月27日之前完成了该系统。

“527美食速递系统”上线之后，眉州东坡外卖订单以每周20%的速度快速增长。到2013年底，眉州东坡的外卖销售已经达到每个月700万流水的地步。这相当于一个成熟的大型餐饮门店的销售额。

6.5.2 优化KPI考核，保障消费体验

我们知道，O2O的核心在于线上线下的双向互动。所以，眉州东坡的第一步就是利用互联网渠道，将线下的产品在线上进行销售，这就是所谓的“线下对线上”业务。第二步，眉州东坡借助第三方O2O平台，将线上的用户引导到其线下餐厅进行消费，也就是“线上到线下”。我们看到，在进行线上线下双向互动的过程中，眉州东坡不仅着眼于自身的订餐平台，还充分利用第三方O2O平台的用户数量优势，最大限度地提高了订单量。据悉，眉州东坡每店每天通过网上预订的订单有40桌左右。这些网上用户在点餐、预订的同时，还能在网上进行提前支付。这一系列措施使得眉州东坡可以提前备餐，顾客一来到实体门店就能上菜，在节约了顾客等待时间的同时，也提高了门店的翻台率。

然而，仅仅做到吸引订单，提高翻台率还不够，对眉州东坡这类传统餐饮企业来说，搭建O2O系统并不算难，真正难的是系统搭建完毕之后如何操作和考核。对传统企业而言，选择O2O是领导层的战略规划，但执行O2O却需要一线服务人员的配合。在眉州东坡的O2O系统上线初期，当系统将网上订单发送到店面服务器上后，店面的服务人员对这些网络订单表现得不是很积极。对于习惯了现场服务顾客的他们来说，很难会主动想到打电话确认顾客的用餐时间，并提前半小时开始配餐，这些细节都影响了网络用户的实体店用餐体验。

意识到问题的眉州东坡领导层开始对其门店的经营侧重与KPI考核进行调整，最后他们出台了“接到互联网订单3分钟之内处理，半小时内出菜”的硬性规定，以增加服务人员对网络订单的重视程度。考核方面，眉州东坡在销售额的基础上增加了很多细化指标，如区分新老客户等。

6.5.3 整合外卖供应链，规范送餐流程

网络订单除了预定餐桌以外，另外一大块就是外卖服务。眉州东坡最初提供外卖服务时，用的都是自己店里的员工。这种设置并不严谨，店员由于缺乏相关培训，对送餐的标准化流程并不熟悉，因此送餐效率较低，同时，送餐迟到、遗漏菜品、忘带零钱等还会降低顾客的用餐体验。

为解决这一问题，眉州东坡和易淘星空旗下的专业送餐队伍进行了合作。在餐厅周边范围采用自己的店员配送，而在离餐厅较远的地方则使用易淘星空的送餐队伍配送。同时，眉州东坡还对配送流程和服务标准进行了一系列改进。

首先，无论是眉州东坡自己的店员还是易淘星空的送餐人员，都有标准化的服务流程。比如面对客户时要说哪些话、有哪些关键环节必须做到。其次，为了配合眉州东坡的要求，易淘星空也重新设立了KPI考核机制。最后据统计，两家企业共给送餐人员设立了200条准则，触犯每条准则都要进行相应的处罚。这些准则有的甚至近乎苛刻，例如与客户顶嘴等行为被严令禁止，一经发现立即解雇。这些“严刑峻法”为客户带来的是高质量的用餐体验以及眉州东坡的优质品牌形象。

对眉州东坡的O2O案例进行分析，我们发现，在它理清整个O2O运营、营销流程的过程中遇到的从搭建系统到完善与系统配套的服务等方面的问题，值得每个对O2O有想法的餐饮企业借鉴。其实，在此之前已经有很多类似的成功案例了。像雕爷牛腩、黄太吉煎饼等都已成为用互联网模式做餐饮的典范。正如张洋所言：“O2O电商平台对传统餐饮企业的意义在于提供了数据化管理的思维模式。O2O的出现，使得原来餐饮业不识别、无法预测的消费者变得可识别、可预测；将原本不易看懂的数据变得基本上可以看得懂。”有了这些优势，餐饮企业再做O2O当然得心应手。

6.6 “激进”的苏宁：O2O是营销，更是革命

O2O不只是说一个店既要在线上也要在线下，其产业本身也有O2O的问题。零点研究咨询集团董事长袁岳表示：“再过十年，绝大多数企业都是O2O的。过去O2O可能只局限于某个公司内部线上和线下业务的对接。而在未来，O2O势必会改变产业形态。”苏宁的O2O营销战略印证了袁岳的观点。

6.6.1 大船转弯：苏宁全面O2O化

苏宁坐拥1700多家门店和每年千亿的交易额，只要在现有模式下进行优化调整就能实现稳步增长——尤其在中国零售业整体仍处在粗放式发展的前提下。但苏宁既没有偏安于实体零售，也没有一门心思发展电商，它选择将O2O当成自己的战略转型目标。

2013年6月开始，张近东要求苏宁线下实体店商品价格全面向线上看齐，这种降低线下毛利的做法要求线下店面提高运营效率，进而对苏宁集团的原有业务组织架构也提出新的要求。这场激进的O2O革命是苏宁的冒进之举吗？不然！我们下面就来详细分析一下苏宁的O2O战略究竟有何玄机。

我们知道，对零售业O2O来说，最大的难题在于如何打破横亘在线下和线上渠道间的诸多障碍：定价、服务，沟通等。苏宁为了全面实现O2O，在这些方面做了不小的努力。

一、线上线下的组织融合

首先，苏宁力图实现线上线下的组织融合。零售业的O2O业务发展首先需要的就是打破原有的组织架构，将线上线下两大业务板块的组织与人员进行融合，将其合二为一。在这个基础上，将原来各自独立的两个渠道的采

购、仓储、配送、营销策划等板块进行完全融合，在资源共享之余，还能实现成本控制与绩效考核的统一，提高集团的运作效率。2013年，苏宁就对其组织架构进行了全面的调整，其电子商务及其平台原有的采购、供应和定价等职能全部划归商品经营总部。2014年初，苏宁又将负责线下门店的连锁平台经营总部与负责线上苏宁易购的电子商务经营总部进行整合，组建了“运营总部”。与此同时，苏宁线上线下的物流、客服等部门也实现了全面的融合。

二、线上线下的商品陈列融合

由于零售业实体门店会受制于时空，顾客不可能有效地浏览所有商品信息，而互联网的发展则给了实体门店创新陈列方式的机会。通过互联网虚拟陈列技术，现在网上商品已经可以在门店有限的空间内得以无限延展。虚拟货架、二维码、视频展示等多种方式都极大拓展了零企业的销售空间和销售时间。同时，线上的商品陈列还能与线下门店进行互动，顾客的购物体验将变得更加顺畅。

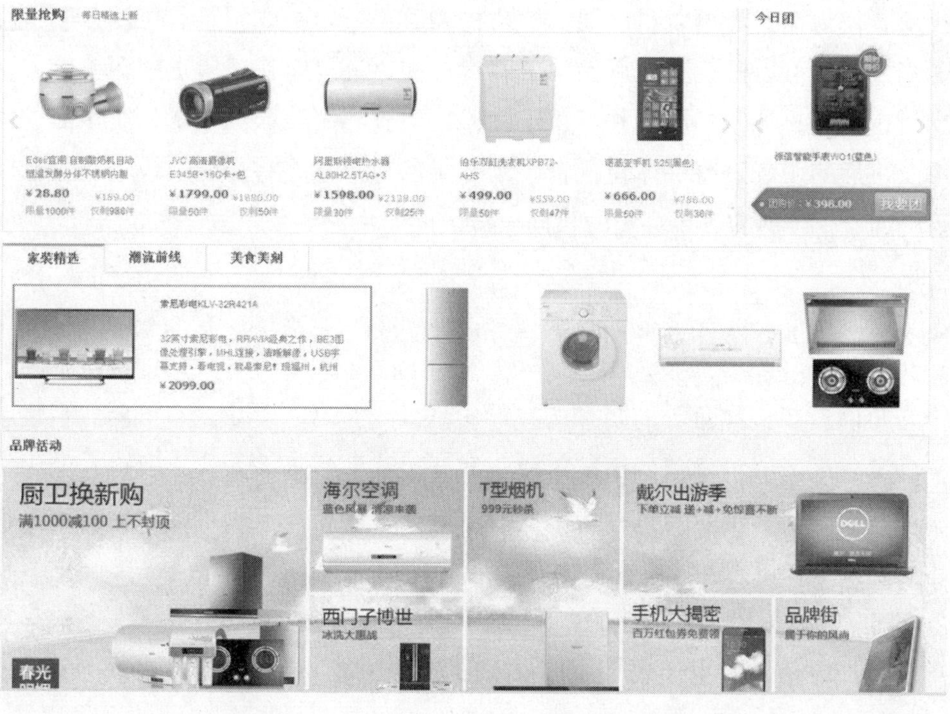

三、线上线下的商品价格融合

除了购物效率的差异，线上线下的价格差异也是电商分流实体店销售额的重要原因之一。现在的网购趋势愈发明朗，顾客多通过比价等多方式挑选出性价比最高的网站下单。其实，消费者也知道，羊毛出在羊身上，这些折扣的背后是相应的服务、质量保障等方面的损失。因此，同一商品尽快实行线上线下价格统一，并提供同等服务，是既防止电商间恶性竞争，又能解除消费者担心的必然之举。2013年6月，苏宁率先实行双线价格统一，不再把营销的精力放在价格战上，而是以店面为平台，通过让实体店员工熟练运用社交网络工具进行精准营销等方式来为线上引流销售，进一步深化其O2O模式。

四、线上线下的流程与服务融合

移动互联网时代，消费者的购物路径呈多样化趋势。其消费需求既可能产生于逛街过程中，也可能产生在家里，办公室里，甚至在上班路上。因此，单一的渠道无法满足其消费需求，更无法满足企业自身的营销需求。2013年以来，苏宁通过其对商品线上展示的推进，对快捷支付和仓储配送的投入，使得消费者可以自由地切换购物渠道：可以在线浏览、付款并享受配送服务，也可以网上下单后去门店验货自提，还可以在门店选中下单后上网支付。当然，苏宁的服务并不止于此，它积极利用互联网技术，对售前、售中及售后的服务进行一体化融合。2013年10月，苏宁将其线上线下的会员体系打通，保障所有苏宁会员的相同权益。

6.6.2 O2O不是手段，而是方向

我们看到，经过大刀阔斧的改革与高效的执行，苏宁的O2O模式很快就突破了线上给线下导流的原始阶段，并开始线上线下多方式无缝融合的中级阶段。其线下客流量与订单量因此成倍增长，线上苏宁易购的移动客户端销售更是猛增10倍，各项指标都刷新了记录。

苏宁的O2O模式告诉我们，O2O绝不只是一个新鲜的概念，不只是一种简单的营销方法，它更代表了一种未来的发展方向。因此，企业的O2O营销不

能流于表面：建立一个网站、开发一款App、或是在实体店里放个Pad……这些零碎的举措远没有触及O2O的核心价值。试想一下，连苏宁这样的巨头都开始为了O2O进行大刀阔斧的深化改革，众多中小企业是不是更应该及时反思自己的O2O战略？

中国零售业在经历了以连锁店为代表的实体零售阶段后，以电商为代表的虚拟零售阶段异军突起，但就在电商冒出来没几年的今天，它又开始加速进入以O2O零售为代表的虚实融合阶段。是紧跟浪潮，迎头赶上？还是踟蹰徘徊，被浪潮吞噬？相信大家都有自己的判断。

第7章

内容策略：用户为什么关注你

在传统营销模式中，广告信息内容的编写与策略一直倍受关注，因为，广告内容的品质会直接影响到营销结果。到了移动互联网时代，人们对电视、报纸等传统广告媒体的关注度迅速下降，相对于传统媒体，人们更乐于关注自媒体。一是因为自媒体广告成本较低；二是因为自媒体更加生动、有趣，而且具有互动性。当然，要做好自媒体宣传，内容同样不容忽视，而要做内容首先就要思考一个问题，用户为什么会关注你。

7.1 内容不在多，在于流行度

在移动互联网时代，人们的时间日益呈现出碎片化，这就促使了人们阅读习惯的碎片化，相应地人们也很少会花大块地时间去关注一项内容。因此，在移动互联网时代，运用内容策略比的不是内容的多少，而是内容的流行度，是谁的内容能够获得更多用户的关注与推崇。

7.1.1 精炼内容：字字传递价值

移动互联网营销的核心是优质内容，那什么样的内容才算优质内容呢？以微博为例，微博每条限发140字，那如何在140字内提供最优质的内容，吸引粉丝的关注和转发呢？其实，内容的优劣并在于文字的多少，正相反，140字的限制恰好是对优质内容的激发。

当年，Twitter创始人杰克提出限制字符的想法是因为每条英文手机短信有160个字符限制。杰克希望微博也有字数限制，以便通过短信发送。为了给发送者的名字留出20个字符空间，便为Twitter规定，每条不能超过140个字符。后来其他类似微博服务都沿用了这个看似武断却又有无穷趣味的规则。

每条微博140个字的限制，拉近了专业作者与业余网民的距离。大家可以轻松自由地在微博上记录点滴，不需要长篇大论。在网上发布内容不再是必须长时间集中精神才能完成的任务，而是几秒钟的事。每一条微博可以用最快的速度被转发和阅读，影响到所有受众，从而影响到整个世界。

一旦你输入的内容超过了140个字，网页上就会提醒你超出的字数，此时就需要看一看哪些字词是可以删掉的，然后删减到140个字以内，再点击“广播”按钮，发出微博。正是由于超出字数的微博是无法发送的，而将内容拆分为两条微博又不符合微博粉丝的阅读和转发习惯，所以，这就要求企业在策划微博内容时，必须一再进行锤炼。

7.1.2 预测热点：走在话题前面

光精炼文字还不够，微博内容描述的东西也要符合热点。所以，企业对微博内容的设计通常要走这样一个流程：通过热搜词汇挖掘热点，结合热点与品牌定位的相关度进行筛选，选择最适合的热点进行跟进，编辑内容并优化在140字以内。有时候，仅仅跟风是不够的，企业还要善于发现有可能会火的信息。因为根据微博传播规律，针对同一个热点，人们总是习惯关注和转发最火的一条微博，所以只有对热点做好预测才能及时占领高地。

企业和企业的微博营销团队要学会预测企业的潜在消费者将要热议哪些话题，甚至有时候，企业也可以根据线索，制造一两个有趣的话题。当企业走在热门话题的前头时，企业就能最大限度地提高曝光度，吸引新粉丝。

下面我们仍以微博为例，分析一下有哪些类型的话题和内容容易成为热点，需要企业格外关注。

一、新鲜

内容新鲜的微博属于微博内容里较为稀缺的部分，也是最容易引起广泛关注的。试想一下，一条爆炸性的娱乐新闻突然从某条微博上传出来，很快就会引起无数微博粉丝的关注和转发。Twitter上有人第一时间报道了一架飞机落在哈德逊河上，歌手韩红车祸时也用微博进行了第一时间直播，王菲与李亚鹏在微博上宣布离婚……这些新闻的转发量都是惊人的。最新发布的资讯自然会成为舆论焦点，正是因为如此，搜狐CEO张朝阳为了推广搜狐微博，才会在大S婚礼时选择用其微博进行直播。

当然，新鲜也并非都是重大新闻，一些用户从未见过，别开生面的创意活动也属于新鲜的类别。

以佳沃休闲零食品牌“吃货”为例，它在情人节来临之前推出了一份由“枣”与“核桃”搭配而成的情人节表白礼物“枣想核你在一起”。上市当天，其天猫旗舰店的1314份限量版“枣想核你在一起”，不到4个小时就被疯抢一空，更引起一阵话题热潮，无数网友在微博、微信晒出自己的“战利品”。

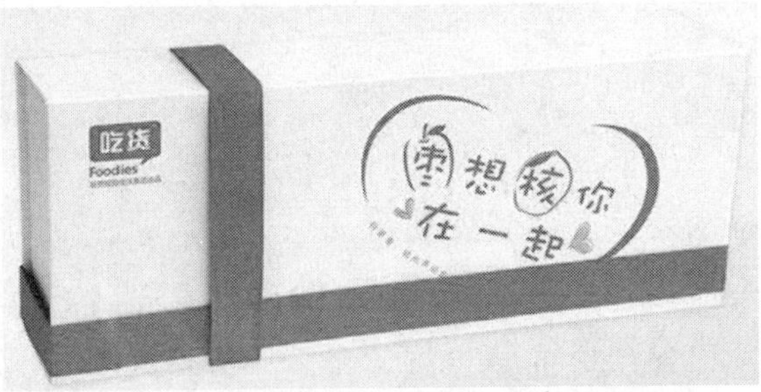

其实，单纯从商品来说，“枣”与“核桃”并非现代吃货们的挚爱，但由于佳沃别出心裁，将其打造成市场上从未出现过的“中式巧克力”，提升了品牌附加值，并以谐音的方式将其包装成情人节表白礼物，这才使得它大受追捧。

二、趣味

新鲜的内容可遇不可求，但有趣的内容则可以人为地设计。多数情况下，人们使用微博就是为了获得轻松而“便捷”的快乐。这里的“便捷”既有直接的意思，也有“不需要经过大脑反复思考”的意思。所以说，这种趣味内容通常不是高级的幽默，而更像一种“快餐文化”。但对需要保持微博关注热度的企业来说，这种文化又与自己十分投契，否则他们就要每天为编撰一条高质量的幽默笑话而煞费苦心了。

以名为“热门搞笑娱乐”的微博为例，它就经常发布一些只使用了简单幽默技巧的笑话，但其效果显著，经常引来大量转发。

事实也证明，这种类型的笑话是最受微博粉丝喜欢的，在新浪草根粉丝榜上，长期占据前三的有两个都是这类型的账号。

当然，这不是让企业每天都发一些段子来逗乐，而是说企业应当注意如何才能让自己想要发布的信息更加有趣。就以下面这条微博为例，如果是内衣企业，就可以将它改编成推销自己内衣的软广告，只需要将人物的话语略做改变就行。

三、实惠

虽然很多人玩微博时并不喜欢广告，但如果有货真价实的优惠，相信他们还是不会拒绝的。现在很多企业在做促销时都会发布“转发并@你的五位好友就有机会获得本公司的××一部”的微博，只要设置的奖品足够诱人，这种微博也能引起不小的关注。我们建议企业不要单独、频繁地发布这种微博，因为单纯这么做效果并不理想。最好是配合企业其他营销活动，适时推出，这样既不会引起用户的审美疲劳，也能提高投入产出比。

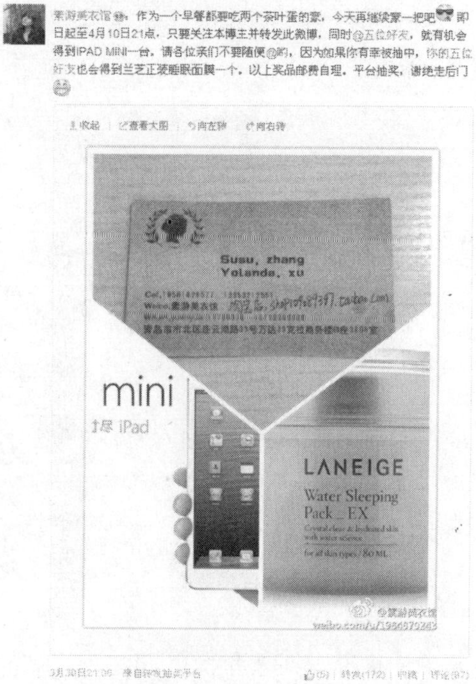

四、专业

微博内容虽然相比微信要“低端”一些，但这不表示微博粉丝就没有高端、专业内容的需求。微博粉丝基数巨大，只要定位精准，找到你的目标用户，哪怕他们只占整体粉丝数的一小部分，其数量也是可观的。因此，那些与企业专业相关的，视角特别、观点独到或者总结全面的“科普”内容也是很受欢迎的。而且这种内容更符合粉丝对企业的预期，企业也更容易据此打造出专业的品牌形象。不过，专业的微博最好以图文并茂的形式呈现出来，140字的文

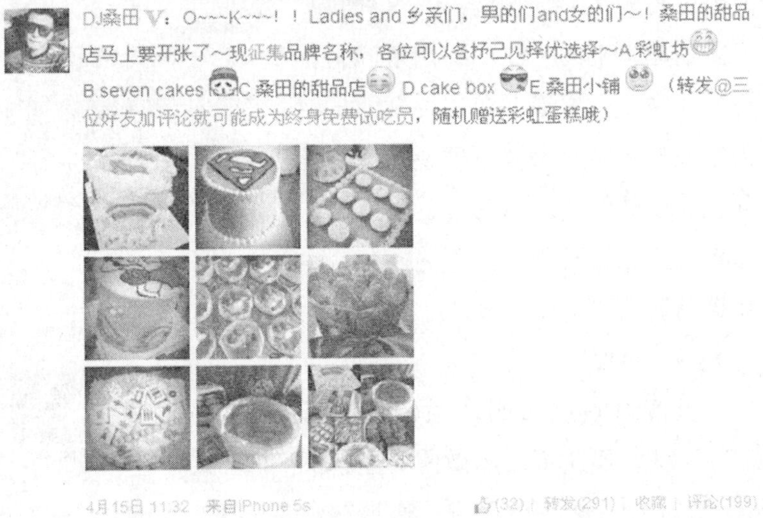

字微博很难做到既专业又详细，这就需要企业微博营销人员学习微信的内容编排形式，多使用图文结合、GIF动态图演示、视频等不同方式来进行介绍。

五、互动

单向广告的时代已经过去，互动营销才代表着未来。因此，互动型的微博也是很重要的。这种互动不仅包括常见的提问、调查以及产品活动，还可以通过征集产品名称或LOGO、为品牌广告的剧情投票等创意方式开展。这种微博内容的核心在于活动本身的设置是否新颖有趣，而不只在于文案的撰写。

六、神秘

人们都有猎奇心理，对很多未知、神秘的事物既感到畏惧，又忍不住去探寻。因此，企业若是有一些产品与神秘、探险等元素有关，其微博内容也可以选择用故弄玄虚的方法来编撰。例如，微博上曾有一条关于河南封门村的灵异事件视频广为流传，甚至连江苏卫视王牌主持孟非都转发过这条微博。借着这个热点，一些探险类书籍作家就整理了一些诸如“中国十大灵异事件”和“我去过的最恐怖的10个地方”等帖子，也迅速成为热点，并吸引了大批粉丝关注。

七、感人

2014年，马航失事，许多明星都在微博上表达了自己的哀思，无数粉丝也进行了转发。这种现象早已是微博的常态。不管出了什么重大自然灾害还是人为事故，大部分用户都会在微博上表达自己的关切与同情。与此类似的就是感人的微博内容，微博粉丝十分乐于转发那些让他有共鸣的内容，顺便表达自己的情绪。例如在电影《致青春》热映时，就出现了很多回忆青春的微博，此时一些老的服饰、运动鞋、食品企业就应当立即跟进，整理一些诸如“那些年我们一

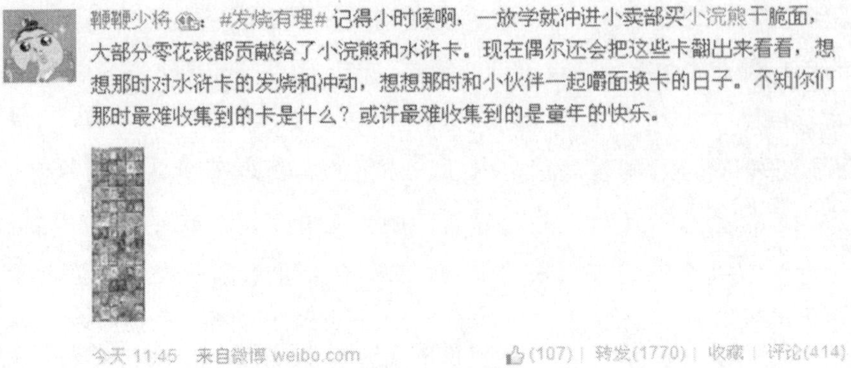

起穿过的回力鞋”“你还记得小浣熊干脆面吗？”等内容。因为感人，能引起共鸣，所以这些内容的传播度会很高。

7.2 做碎片化阅读的整合者

移动互联网时代信息数据的大爆炸和碎片化阅读的风行，给新媒体的内容提供提出了严峻的挑战。对于必将面对该挑战的企业和个人来说，想要应利用好移动互联网这个平台，做一个出色的碎片化阅读的整合者，在内容提炼、加工和制作等方面都需要付出更多努力，根据读者兴趣、需求来精选、加工、整合信息，创出新的信息形式，来吸引更多读者的兴趣与关注，同时增加内容推广的效度。

7.2.1 你只有30秒吸引读者

随着技术的发展，人类一路告别甲骨青铜、竹木简帛，甚至连纸张都要被电子屏幕所取代。移动互联网时代，阅读变得更加方便快捷，我们不必在包里放上沉重的书籍，小小的手机或Kindle里就能存放上万本书，指尖轻轻一动，新鲜丰富的各种资讯就纷至沓来，可以说，我们每个人都随身携带了一个移动图书馆。

移动互联网阅读在给我们带来前所未有的方便的同时，也带来了一个问题，那就是阅读碎片化。在本书第一章中我们就提到时间碎片化是移动互联网时代最重要的特征之一，正是由于时间碎片化，使得人们的阅读习惯也成了碎片式的。哪怕移动互联网用户拥有一整段空闲时间，他们选择的阅读内容也多半是碎片式的讯息：140字的微博段子、朋友圈里的图片加短文、头条新闻App里的新闻汇总……用户普遍扫两眼就会带过去，即使有什么激起他的兴趣，他也不会耐下心来仔细阅读超过10分钟。

因此，移动互联网内容策略的首要关注点就是如何以最精炼的内容快速吸引用户关注，这里的快速，不超过30秒。如果你的内容在30秒内不能让用户感受到价值或趣味，他就会立即跳过，而且下次也不会再关注。

7.2.2 精炼+持续=价值

因此，希望通过一两次的优质内容推送就能吸引移动互联网用户关注，甚至成为你的品牌粉丝，无异于痴人说梦。移动互联网用户的碎片化阅读要求企业在内容的提供上遵循两个原则，一是精炼，二是持续。精炼是为了符合他们碎片化阅读的习惯，抓住他们的眼球；持续则是为了保持热度，给你提供的碎片式内容一个不断积累和拼接的过程，最终达到建立品牌形象的目的。

先来看看自媒体通过内容的提供发财致富的例子：微博红人张发财以历史八卦微博集结成的《一个都不正经》；东东枪把诸多MSN签名加微博段子汇集成《俗话说》……紧接着，各路明星纷纷跟风，将自己的微博语录整理成书出版，从而获得丰厚的收益。

这种现象让我们认识到，碎片化的内容虽然每一条都是孤立而零散的，价值不大，但集结、整合在一起，其价值就有了质的飞跃。这就像你偶尔读了一篇营销文章并不能有什么实质性的长进，但若是系统地学习了一整本营销书籍，就能对营销有不浅的认识。所以，企业要学会整合移动互联网的碎片式内容，为用户提供最有价值的，具有内在连续性的优质文章。

7.2.3 筛选碎片，整合精华

要想做一个移动互联网碎片化阅读的整合者并没有那么简单。你至少要熟练掌握以下几点。

一、筛选信息

首先，你要具备从海量信息中筛选优质信息的能力。海量信息容易造成阅读疲惫，而限量的优质信息则能刺激用户以最佳状态阅读。这相当于你不仅要从书海当中挑出读者最感兴趣的几本，还要将每本书最具亮点的内容挑选出来，并配上最恰当的标题。

这就像央视火爆一时的节目《第十放映室》，它不仅帮观影者从每季度上映的海量电影中筛选出最有代表性的几部，还根据每部的特点进行生动有趣的介绍。这种风格为《第十放映室》赢来大量粉丝，它的吐槽系列视频在网络上的点击率惊人。

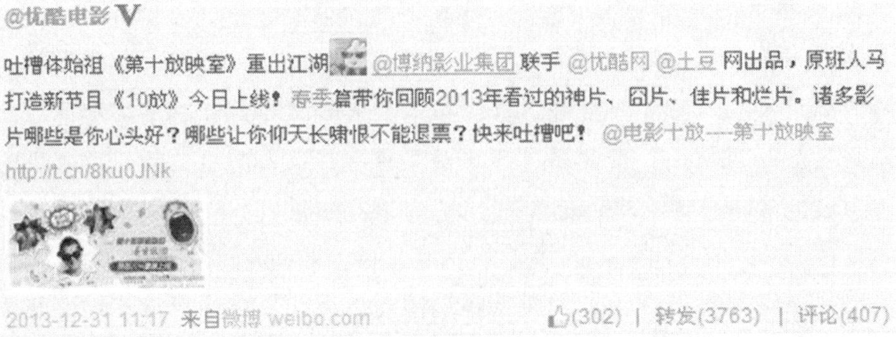

二、筛选受众

其次，你要具备从无限用户中筛选有限受众的能力。这点最为重要，无限的移动互联网用户虽然听起来诱人，但同时也意味着受众、目标用户的不确定性，这将为营销带来极大的难度。精确定位到有限的目标用户，专心为他们提供优质内容，才能算有的放矢。

证券公司操盘手陈逊说："我每天要阅读几万字的碎片化讯息，这是出于工作需要，做我们这行的与整个社会的联系都很紧密，一条不起眼的消息，甚至微博上一个假消息都可能会对股市产生影响，因此多获取信息对于我们来说是必须的。"他每天的阅读都和网络分不开：每天下午收盘后，第一件要做的事就是上ＱＱ和微博，和朋友、同行交流最新信息，然后登录各大网站、论坛看新闻，并参与热点话题讨论。

27岁的报社编辑林知宇说："手机、微博、ipad让我的时间和阅读彻底碎片化了。我在iPad上下了十几种阅读类的App，有各种媒体的客户端，也有信息搜集工具，每次打开它们，都像是打开了一个黑洞。光是下载和更新就会吸走我大把的时间，可更新后的内容，我往往都只是瞟一眼标题，就赶着去寻找其他的更新内容了。"他的一天始于微博，也终于微博。每天睡前也要拿出手机打开手机微博刷一下新鲜事。

全职太太陈菲说："生完孩子后，我成了一个全职太太，一开始我有点担心，害怕自己和社会脱节，有姐妹就安慰我，现在不像过去了，注册个微博，每天全世界发生的事情，你都知道。果然，我虽然现在在家带孩子的时间多，可是可以通过微博和朋友沟通，了解外面的社会，还可以上论坛和年纪相当的妈妈们讨论育儿经，交了不少天南海北的朋友。每天上上论坛，看看微博，学会了很多东西，我的生活也丰富多了，我现在觉得全职太太真的不会寂寞。"

我们看到，不同的用户对于移动互联网内容的需求各不相同，有陈逊这种关注行业资讯的；有林知宇单纯为了刷新鲜事，打发时间的；还有陈菲这

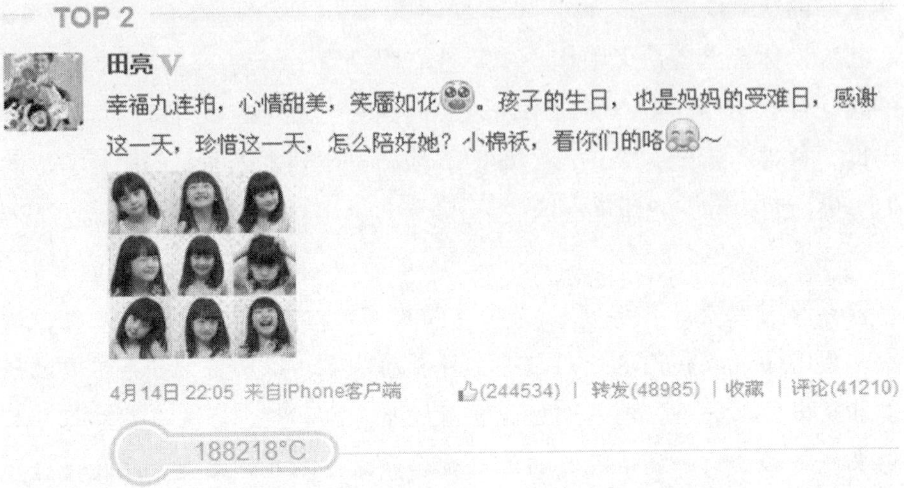

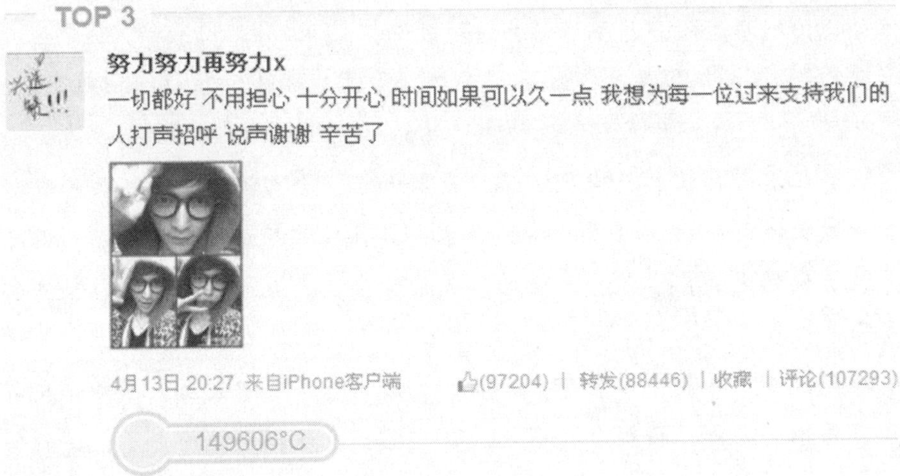

样希望在放松的过程中进行沟通和生活经验学习的……企业要根据自身的定位，为目标用户提供最精准的内容。

三、筛选时间

再次，你要掌握即时沟通与延时发布之间的对应关系。虽然移动互联网用户是因为即时沟通的便捷性才对移动互联网情有独钟，但这不表示他们的阅读习惯也是如此。微博、微信都有定时发布功能，企业发布内容的时间要符合目标用户的阅读习惯。过早或过迟推送消息都可能因为用户第一时间的

忽略而造成后来被其他信息淹没的后果。

以新浪微博的热门微博一周排行榜为例，上榜的微博一般都是在晚上20：00～22：00间发布的，因为这段时间使用微博的人相对来说最多。

四、筛选热点

最后，你还要具备分析热点、制造热点的能力。内容的优劣从其传播的热度上可见一斑，与其跟风热点，从热门话题上“蹭”关注，不如自己制造热点，让别人来跟风自己。

以新浪微博的热门话题为例，其中的美食话题通常是讨论的热点，而一般的美食热点多是“吃货”们自己总结发现的，如“深夜发吃报复社会”“下午茶时光”等等，但聪明的餐饮品牌在新品上市或日常推广时也会伺机制造热点，引起吃货们的注意。以2014年4月16日的微话题排行榜为例，排名第一的就是麦当劳推出新品冰激凌的话题，其热度甚至超过了之前火热的“舌尖上的中国”。

需要提醒企业的是，要想做一个优质的碎片式内容整合者，需要长期的人力投入，因为优质内容分散在网络的各个角落，需要不同的搜集、整理方法。以原创性和娱乐性很强的微博内容来说，它在搜索引擎上是无法抓取的，也就是说你的内容搜索工具肯定不能局限于搜索引擎这一个。

7.3 品牌靠口碑，口碑靠故事

企业发布的内容种类繁多，企业应当学会分类和筛选：哪些类型是需要精心策划和着力推荐的，哪些类型是用来日常积累人气的，不同类型的内容产生的效果各不相同。通常来说，企业发布的营销内容共有三类：品牌塑造类、产品推荐类和活动推广类。后面两者一般都是在特定的时候，如新品上市前才需要考虑，而品牌塑造类的内容，则是需要企业在平时的营销过程中重点关注的。

移动互联网时代，消费者的喜好是善变的，他们对企业和品牌的好感度也是有起伏的，因此，塑造一个稳固且值得信赖的品牌形象十分重要。要想达到这一点，企业就要学会不断用包含优质内容的品牌塑造贴来一点点构建品牌形象。

7.3.1 生动地讲述品牌故事

故事是最容易被人接受的内容形式，而且也最容易说服读者。通过微博、微信等社交媒体传播一些关于企业创业过程、品牌价值观等方面的故事，是在移动互联网端口塑造一个企业品牌形象的重要方法。这类内容多以故事为载体，生动地阐述一个企业的创业思路与得失，并通过故事里包含的真实案例来讲解品牌的定位与坚持。这种内容对移动互联网用户来说既有学习的价值，也有消遣的作用，所以十分受欢迎。

以苹果品牌为例，苹果最大的代言人就是其创始人乔布斯，为了打造苹果自身的"科技创新者"与"行业领军人"形象，他们便从乔布斯的身上不断挖掘可讲述的故事，下面就是一则流传很广的，关于乔布斯创业精神的故事：

1976年，斯蒂夫·乔布斯的朋友沃滋尼克设计出一款微型电脑，乔布斯意识到了其中的商机，极力劝说沃滋尼克辞职，与他合作开一家新的科技公司，公司的名字就叫"苹果"。1977年4月，苹果推出了世界上第一台真正的个人电脑——Apple II，从此个人电脑行业得以创立。当年，苹果的产值一下突破了100万美元。1980年，苹果在美国上市，股价一路飙升。斯蒂夫·乔布斯和沃兹尼克也因此成为亿万富翁。到1984年，苹果的员工已经有4000名、资产超过了20亿。同年，苹果又推出了Macintosh产品，也就是著名的苹果Mac机。

好景不长，戏剧性的一幕发生了：乔布斯被苹果"踢出了门"，而踢他出门的正是他亲自请来的管理者约翰·斯高利。乔布斯一气之下卖掉了苹果的股份，重新创业。乔布斯后来回忆说："我当时没有觉察，但是事后证明，我被苹果炒是这辈子发生的最棒的事情。因为作为一个成功者的美妙感觉被作为一个创业者的轻松心态代替。这种感觉让我生活得自由，我由此也进入了生命中最有创造力的阶段。"

刚开始，斯蒂夫·乔布斯创办了一家名为NeXT的电脑公司，主要业务是开发电脑新技术。1986年，他独具慧眼地以1000万美元的价格从美国电影电脑特技之父卢卡斯手中买下了当时很不景气的电脑动画制作工作室，并成立了后来享誉全球的皮克斯公司，转战动画领域。1995年皮克斯公司制作的3D电脑动画片，也是世界上第一部用电脑制作的动画电影《玩具总动员》面世了。这部3D动画片的横空出世不仅在市场上大获成功，而且对传统的动画影片产生了巨大的影响。皮克斯公司当年迅速上市，并一举成为3D电脑动画的先锋和霸主。随后的《海底总动员》《超人总动员》等一系列动画电影的成功，不仅展示了皮克斯无可匹敌的技术力量，更体现出一种生机勃勃、充满想象力的鲜活动力。

就在皮克斯如日中天的时候，苹果却在新的竞争中江河日下，即便是连换了几任总裁也无法挽回颓势。乔布斯的机会来了。由于对苹果的深厚感情，1996年，斯蒂夫·乔布斯将NeXT公司卖给了亟待新技术支持的苹果，他因此担任了苹果公司的总裁顾问。1997年，乔布斯再次成为苹果的总裁。重回苹果的乔布斯立刻对苹果进行全面而彻底的整顿。在他的领导下，苹果在短短的10个月时间里开发出了一款极具个性化风格的、塑料外壳包装的iMac电脑，该产品的推出震惊了整个电脑界，并在市场上大获青睐，沉寂已久的苹果终于重放光彩。

2000年，苹果出现季度亏损，股价随之下跌。在这关乎苹果存亡的阶段，乔布斯再度凭借他的天才创造力和独到的商业眼光拯救了苹果：他决定从单一的电脑硬件生产向数字音乐领域多元化转变，并于2001年推出了个人数字影音播放器：iPod。这款iPod成为苹果全面翻身的一支奇兵。2004年全球iPod销量突破45亿美元，到2005年下半年，苹果已经销售出2200万枚iPod数字音乐播放器。

这当然不是结局。2007年，乔布斯带领苹果高调进军智能手机行业，推出了风靡全球的iPhone，迅速击败了诺基亚、三星等手机品牌，在智能手机领域一枝独秀。乔布斯是当之无愧的科技创新弄潮儿，因为在他骨子里存续着永不衰竭的创新力和创业精神。正如在苹果负责iPod部门的副总裁托尼·

弗德尔说的那样："没有人知道斯蒂夫·乔布斯的盒子装着什么颜色的巧克力糖。他从来都不在乎输赢，在他的脑子里总是想搞出点新的名堂。"

这则故事生动地讲述了乔布斯永不止步的创业、再创业精神，这也是众多果粉喜欢苹果，喜欢乔布斯的一个重要原因。类似的故事还有很多，其中不少都是果粉自己根据乔布斯的传记整理的。而对于那些没有如此强大粉丝基础的企业来说，就要学会自行撰文讲述自己的企业故事，与简短的微博段子相比，这类故事的流传时间要长得多，因此需要企业精心规划和编撰。

7.3.2 适时分享经营理念

企业经营理念虽然属于专业性的内容，但不见得一定要以专业化的方式讲述。为了达到让顾客认同自己的品牌理念的目的，也为了给用户分享一些值得借鉴的经营理念，企业要学会用故事将这种理念自然表露出来。

以沃尔玛为例，下面这则关于沃尔玛创始人山姆·沃尔顿的经营理念的故事就广为流传：

山姆·沃尔顿曾教导员工说："服务超出顾客的期待。如果你能做到这一点，他们就会不断地再来买你的商品。只满足他们的要求？不，还要再做得多一些。顾客投诉怎么办？找借口？不，道歉。让顾客感觉你很感激他们，因为他们的建议使你可以改进自身。"在沃尔玛有两句标语："满足需求""他们还在那儿，是他们使我们与众不同。"

山姆·沃尔顿的坚持引出了现在沃尔玛服务的三个主要原则：

日落原则

山姆·沃尔顿有句名言："如果今天你能够完成工作，为什么要把它拖到明天呢？"于是他在沃尔玛创造了"日落原则"。沃尔玛要求员工，当天应该做完事情必须在当天做完，要在日落之前结束当天该干的工作。具体来说，就是对顾客的要求必须在当天予以满足，做到日清日结，不能拖延。顾客生活在一个繁忙的世界里，每个人都在为自己的生计奔忙。作为商家，只有实行日落原则才能最大程度地满足顾客的需求，日落原则因此成为了沃尔玛的经营宗旨。

超值服务原则

沃尔玛要求员工，向每一位顾客提供比满意更满意的服务。具体来说，就是每一项服务，只是让顾客满意还不够，还应当想方设法提供让顾客感到惊喜的服务。山姆·沃尔顿说：“让我们成为顾客的好朋友，微笑迎接光顾本店的所有顾客，向他们提供我们所能给予的服务，不断改进服务，这种服务应当超过顾客原来的期待，沃尔玛应当是最好的，它应当能够提供比其他商店更多更好的服务。”

十步原则

沃尔玛要求员工，无论在何时、何地，只要顾客出现在自己十步的范围内，都应该热情地看着顾客的眼睛，主动打招呼，询问顾客是否需要帮助。

所以，无论是在任何一个沃尔玛的连锁店，都能发现其强烈的企业文化特色，而卓越的顾客服务就是沃尔玛的最大特色。就像山姆·沃尔顿曾经说的：“顾客能够解雇我们公司的每一个人，他们只需要到其他地方去花钱，就可做到这一点。”在沃尔玛，只有顾客才是老板，顾客永远是对的。“要为顾客提供比满意更满意的服务”，沃尔玛真正做到了这一点。

这则故事通过对沃尔玛创始人经营思想的介绍与肯定，间接强化了沃尔玛在消费者心目中“专注服务、尊重顾客”的品牌形象。而读者也乐于阅读和分享这类故事，对他们来说，这不是推广软文，而是经验分享。

类似的故事还有很多，他们从各个角度详细而完整地构建了一个鲜活的品牌形象，是品牌形象与粉丝口碑的重要保障。要想在移动互联网时代始终保持品牌热度，维系粉丝对你的追随，就要趁早开始设计自己的品牌故事。

7.4 内容营销的桥头堡：自媒体

移动互联网营销不能完全依赖企业的官方微博、官方微信等官方账号，这是一个自媒体时代，人人有麦克风，人人是记者，人人可以成为新闻传播者。自媒体凭借其强大的交互性和自主性，使得信息传播的自由度与个性程度显著提高。

7.4.1 自媒体掌握话语权

其实，企业无论利用自媒体还是传统媒体营销，其原理都是一样的，都是利用该媒体的流量（阅览量）和可信度。但相对而言，传统媒体、官方媒体的流量虽高，但由于亲民程度不够，所以可信度偏低；而自媒体虽然总体流量偏低，但更容易取信消费者。同时，自媒体的内容形式更加多样，互动性更高，在传播效率上要比官方媒体更高。打个比方：一个官方微博有100万粉丝，但每条微博的转发量可能只有几十次；一个自媒体的粉丝数有10万，但每条微博的转发次数却有可能达到上万次。下图就是微博红人“天才小熊

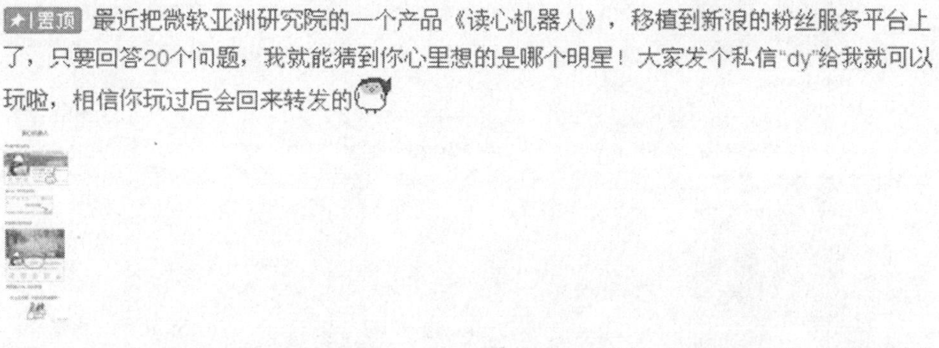

猫”的一条微博，由于内容形式有趣，而且有很好的互动性，所以很快达到上万的转发与评论。

与之相对的，我们来看拥有43万粉丝的奔驰Smart官方微博。虽然它的粉丝数量巨大，而且每条微博也都比较有趣，甚至有的可以说是非常用心做的，但偏偏每条都只有十几条评论和转发，这是为什么呢？原来，这是因为它的微博内容在形式上千篇一律，都是几张奔驰Smart的照片外加一段简短的文字，单调的形式很容易引起微博粉丝的审美疲劳。因此，即使它拥有43万粉丝，但每条转发量却都非常少。

其实，我们若是点开其中一条微博查看，内容还是挺有趣的，但正是因

到晚餐时间了？那就好好的慰劳一下自己吧！

4月3日 18:43 来自微博 weibo.com (16) | 转发(21) | 收藏 | 评论(6)

聚会都不带你？你得多向smart学习啦。聪明，幽默，最主要是"喝得少"，好养活。

4月3日 12:06 来自微博 weibo.com | 举报 (10) | 转发(12) | 收藏 | 评论(8)

smart最大的烦恼就是分身乏术，因此导致好多人争风吃醋。

4月3日 09:41 来自微博 weibo.com (8) | 转发(21) | 收藏 | 评论(13)

俗话说：春捂秋冻。这是我舍不得脱下这么抓人眼球衣服的"最佳理由"。

4月2日 17:38 来自微博 weibo.com (15) | 转发(25) | 收藏 | 评论(14)

为形式上的单调，外加互动性的不足，造成了粉丝响应度的低迷。

由此可见，自媒体的灵活多变在移动互联网内容营销当中是多么有优势。因此，不论企业，还是个人，在内容营销上都应该考虑两种可能：一是不断积累优质内容，将自己打造成一个高人气的自媒体；二是和其他自媒体合作，在他的优质内容中嵌入自己的营销信息。但后者需要注意，每个自媒体都有自己的特色，即使是同一个行业的两个自媒体，都有可能在风格和受众上相差悬殊，例如，同样是两个IT业的自媒体达人，一个喜欢吐槽娱乐新闻，一个喜欢分享卡通动漫信息，其粉丝构成明显不一样，企业在选择与谁合作时要详细调研一番。

7.4.2 自媒体内容营销攻略

不论从哪方面看，通过自媒体来进行内容营销，都是一件要比传统媒体更耗费精力的事，但相对的是，自媒体营销的投资回报也很高。下面就为大家介绍一下自媒体内容营销过程中需要注意的几个原则：

一、坚持内容个性化

营销学上有个说法叫“细分市场”，指的是企业经营者通过营销调研，依据消费者的需求与欲望、购买行为和购买习惯等方面的明显的差异性，把某一产品的市场整体划分为若干个消费者群的市场分类过程。自媒体营销也需要细分自己的粉丝群体，最主要的方式就是提供个性化的内容。幽默和热点当然要有，但自身的定位不能模糊，不能一会是娱乐八卦达人，一会又成了文艺范十足的读书人，这种定位模糊极易造成原有粉丝的流失。

二、先给予，再索取

自媒体不是一个向粉丝“索取”人气和支持的工具，而是一个“给予”内容和价值的平台。价值的种类很多：资讯、经验、乐趣等，都是价值。

以微博红人，著名作家张嘉佳为例，他的微博就因为经常发布带有正能量的感人话语而广受追捧。

我希望买的鞋子是你渴望的颜色。我希望拨通电话时你恰好在想我。我希望说早安你也刚起床。我希望写的书是你欣赏的故事。我希望关灯的刹那你正泛起困意。我希望买的水果你永远觉得是甜的。我希望点的歌都是你喜欢唱的。我希望我希望的是你希望的。

3月15日 21:21 来自Weico.iPhone　　(23990) | 转发(38947) | 收藏 | 评论(11480)

现在的微博数以亿计，微信公众账号也成千上万，只有像这些能为用户带来价值的自媒体才能受到青睐，获得人气和粉丝。只有了解了这个因果关系，才能调整好编纂内容时的心态，从很多细小的地方打动粉丝。

仍以张嘉佳的微博为例，他经常会发布一些感谢读者支持的微博。

这些细节进一步增加了粉丝对张嘉佳的喜爱和支持，其书籍销量也因此一路攀升。

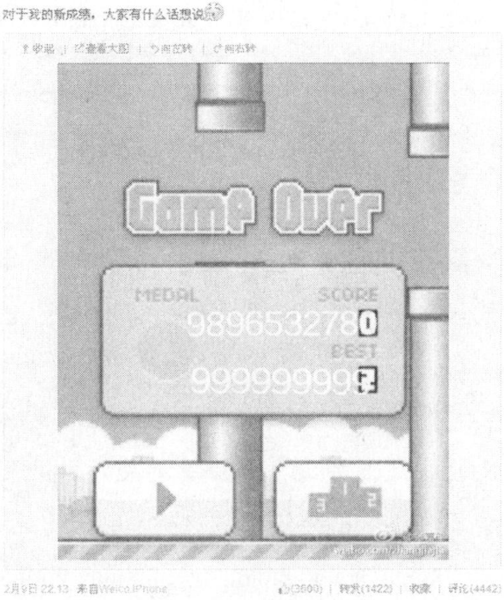

三、用自黑式幽默保持热度

要想塑造一个大家喜欢浏览并且持续关注的自媒体，就要持续地为粉丝提供有价值的信息，如果有时没有找到优质的分享内容，就要学会用幽默或者舆论热点来和粉丝互动，以保持热度。

仍以张嘉佳微博为例，一款很“虐人”的手机游戏Flyappy Bird流行时，他就上传了一张PS得很明显的游戏高分图片，用夸张和“自黑”的方式和粉丝保持良好的关系。

移动互联网时代，各种热点层出不穷，自媒体的灵活多变使得每个热点都能成为助长人气，保持持续关注度的优质素材，关键是用何种方法将其为己所用，在这方面，张嘉佳的“自黑式”幽默值得借鉴。

四、用互动增强粉丝忠诚度

一群不说话，没有反馈的粉丝是无用的。他们不说话，你就不知道他们对你的内容是否感兴趣。因此，互动性是自媒体营销的重要立足点。相比一般企业的赠送礼品和促销活动，自媒体的互动应该走情感路线：认真回复粉

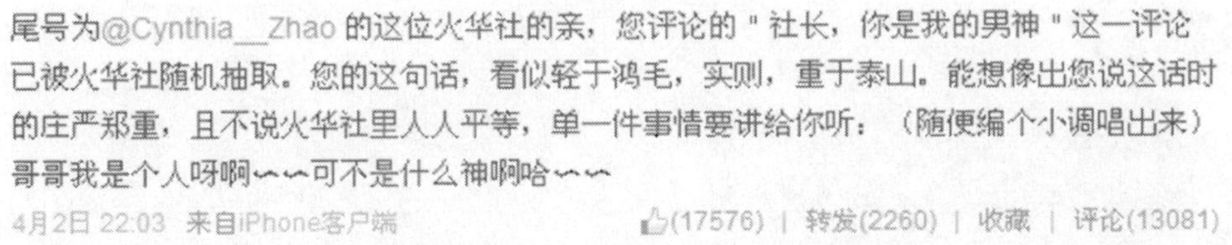
尾号为@Cynthia__Zhao 的这位火华社的亲，您评论的"社长，你是我的男神"这一评论已被火华社随机抽取。您的这句话，看似轻于鸿毛，实则，重于泰山。能想像出您说这话时的庄严郑重，且不说火华社里人人平等，单一件事情要讲给你听：（随便编个小调唱出来）哥哥我是个人呀啊~~可不是什么神啊哈~~

4月2日 22:03 来自iPhone客户端 (17576) | 转发(2260) | 收藏 | 评论(13081)

丝留言，发起能引起共鸣的话题，不定期给粉丝一个惊喜等。这样才能和粉丝建立一种稳固的情感连接，增加粉丝忠诚度。

微博红人、演员刘烨的微博就是做互动的典范，他会不定期从评论他微博的粉丝里抽出幸运粉丝加关注，并通过微博发布出来，这种做法极大地调动了粉丝评论和转发的积极性，并且对其未微博会持续关注。

除了上面四点，自媒体营销还要注意很多方面，毕竟，移动互联网的发达使得很多人一夜成名，也让很多人一夜之间身败名裂。所以，自媒体面向粉丝发布的每条讯息，都需要经过仔细地斟酌，千万不要给自己留下负面影响，尤其不能因为一些恶意粉丝的无理谩骂而动怒，在公共平台上失礼。移动互联网会将很细小的场景无限放大，也许你长期积累的人气会在一次不经意的爆发当中损失殆尽。

7.5 内容营销的极致：控制终端

如果一个企业或个人足够有野心，那仅仅通过别人的平台来推送内容是不够的，还要试图建立自己的移动内容终端，完善整个移动互联网的营销布局，这样才能真正立于不败之地。

7.5.1 当手机成为遥控器

数字设备互联一直是IT及家电企业重点研发的一个课题。2003年微软、索尼、英特尔发起的DLNA标准，旨在解决个人PC、消费电器、移动设备在内的无线网络和有线网络的互联互通，使得数字媒体和内容服务的无限制的共享和增长成为可能。

米联是小米公司基于MIUI系统自主研发的一种数字设备互联功能，它不同于现有的各种标准，不过却可以与苹果AirPlay、DLNA以及谷歌的安卓系统相互兼容，成了一种可以综合各家之所长的新技术标准。

米联的主要功能就是解决安卓手机（使用MIUI系统）、iPhone、iPad，以及PC上的视频、图片、音乐内容传输问题。而这些设备想要联通起来，其中最关键最核心的就是小米盒子。简单点说就是，这些不同设备之间的互联，是利用小米盒子这个设备作为中间载体，通过米联技术实现相互联通的。

雷军之所以在小米羽翼还未丰满的情况下，就加大研发力度推出米联，其中一个重要原因就是提升其他终端设备的销量。就是在现阶段，米联为小米打通了数字设备的互联生态圈，小米也可以在终端设备市场分一杯羹。除了已发布的小米手机、小米盒子（包括小米遥控器）、小米电视之外，小米此前还发布了一款通过小米手机遥控的玩具电动车。这些产品都可以通过米联和小米盒子相互联系，只用一台小米手机就可以实现终端控制。

这也是买小米手机的用户购买小米电视，或者购买小米电视的用户想要一台小米手机的原因。未来，随着人们习惯了米联便捷的无线互联网联通方式，他们肯定不愿意改用其他设备。而小米如果生产出新的移动互联网设备，比如电纸书，或者Pad，那么习惯米联的用户也会更容易形成购买群。当然，人们使用米联的目的，除了终端控制，就是实现资源共享。从资源共享的角度来说，其实在智能手机出现之前就有了蓝牙技术，但是蓝牙的传输速度较慢，而且作用距离有限，所以蓝牙技术并不适合今天大容量文件的传输和设备互联。而米联不仅成功地解决了资源共享的问题，还方便快捷。

7.5.2 小米盒子与多看阅读

所谓资源共享，共享的是内容。米联的技术再先进，如果没有内容支撑，没有内容平台，那么小米的米联技术也好，小米的终端设备也罢，都很难真正立于不败之地。所以小米科技做了两件看似与生产手机无关的事情后，开始涉足内容生产领域：一个是收购了做精品阅读的多看科技，一个是准备用小米盒子抢占网络电视的滩头阵地。

说到电视机顶盒，大部分人都会联想到我们在看有线电视时使用的设备。电视机顶盒通过接收有线电视信号并且解码的方式，向有线电视用户提供电视节目信息。但是小米盒子是一个真正的网络电视机顶盒，使电视成了一个网络终端，具备了上网的功能，而且还可通过小米盒子浏览网络视频节目内容。

雷军在被问及小米盒子的构想时说道："五六年前我就认为，手机会替代电脑成为最常用的终端，电视是手机的显示器，手机是电视的播控器。小米盒子就是实现这个构想最重要的纽带，是最重要的手机配件。"

在小米盒子发布会上，雷军向参加发布会的媒体介绍道，小米盒子第一个功能是将手机、Pad、PC等终端通过WiFi将视频等投射到电视屏幕上，并配置了单独的遥控器，已支持安卓4.2等多种无线协议；第二个功能是可以在电视上免费看视频节目，目前已与搜狐视频、腾讯视频、华数TV和迅雷等十多家互联网公司达成了授权协议，电影、电视连续剧等片源库超过10万部；第三个功能是小米盒子SDK完全开放，支持应用开发者为小米盒子开发视频、游戏等各种应用。

发布会上一起亮相的还有一家新公司多看科技。雷军在会上宣布小米全资收购多看科技，原CEO王川已成为小米科技第八位联合创始人。之所以这个时候宣布收购多看，是因为多看公司才是小米盒子真正的幕后开发团队。被收购的多看科技成为小米旗下单独业务部门，开发小米盒子、小米电视及未来的多看电子书（不排除小米Pad的可能）等产品，而且肩负小米旗下产品内容（包括文字、音乐、视频）运营的重任。多看科技开发的精品阅读器是

Kindle上除自带系统外运行最好的阅读系统，更因为其拥有大量精品中文电子书资源而广受消费者喜爱。多看精品阅读器作为移动App应用在IOS、安卓等系统的中文电子阅读器下载排名中也处于领先地位。

以雷军一向善于布局的战略眼光，推出小米盒子决不是无的放矢。雷军的小米产品战略逐步浮出水面：以小米手机为中心，向电视、机顶盒，未来则是阅读器等更多硬件延伸，以小米电商为硬件销售渠道，通过各种硬件整合视频、图片、音乐等互联网服务，以及电商、游戏等互联网应用，构造“小米生态链”。

2013年3月19日，小米盒子面向试点城市正式官网发售，首批一万台小米盒子在几分钟内全部售罄。所谓“随风潜入夜，润物细无声”，小米盒子正在逐步走进用户的生活，并将慢慢改变人们的观念。雷军所预言的“手机会替代电脑成为最常用的终端，电视是手机的显示器，手机是电视的播控器”正在一步步成为现实。

第8章

粉丝策略：少量粉丝产生最大价值

在移动互联网时代，没有粉丝对于商家来说是一件非常危险的事情。因为和客户不同，客户会买了一件商品后离开，但粉丝却是与企业和个人商户的产品理念有共鸣的一群人，他们会持续关注一个商家，同时也是商家持久的潜在消费者，所以对商家而言，粉丝很重要。商家要做好互联网营销就不能忽视粉丝策略，而且还要专注于从一定量的粉丝中挖掘出最大的价值。

8.1 粉丝在变，名人效应成了双刃剑

由于名人具有强大的偶像影响力，并有一定的公信力，所以消费者往往会对名人产生崇拜、信赖或者是消费观念上的追随心理，这种心理就是“名人效应”。商户可以利用消费者的这种心理来促进产品的销售，是一种有效的“借势”促销手段。但是名人效应也是一把双刃剑，选择不好名人就可能给企业和品牌带来负面效应。

8.1.1 名人效应催生“借势营销”

“借势营销”的优势在于，用名人做营销能够消除一般消费者的提防心理。营销大师科特勒也曾强调过名人的营销作用：“一位经过精心挑选的名人至少能激发起对一个产品或品牌的注意力。”也正是因为“借势营销”有这样的优越性，所以这种营销模式一直以来都是很多商家趋之若鹜的营销方式。

作为国际著名的体育运动品牌，阿迪达斯运动用品系列早已家喻户晓。每当打开电视机，观看精彩的体育节目时，你一定会注意到那些蜚声体坛、名闻全球的著名运动员大多数穿的都是各种颜色鲜艳、款式新颖、带有三叶草图案的运动衣——那就是阿迪达斯运动系列服装。

为了保持公司产品的世界知名度，阿迪达斯公司往往不惜血本，用巨额

资金请来世界著名运动员对产品做广告宣传。阿迪达斯公司每年都要把产品总量的3%～6%无偿赠送给世界各个国家的著名运动员和体育团体。

通过借助体育明星的宣传，阿迪达斯公司虽然支付了巨额费用，但是这些付出给公司所带来的回报却是无法估量的。它不仅帮助阿迪达斯公司推销出去不计其数的运动服、运动鞋、运动帽等运动系列服饰，更重要的是，阿迪达斯公司向世界各国消费者宣传了自己的品牌，使阿迪达斯产品成为全球著名的品牌，也正是这一著名品牌为阿迪达斯公司带来了更大的收益、更响的名气、更兴旺的生意。

体育名人对运动产品有特别的效应，所以阿迪达斯不惜血本聘请世界著名运动员做宣传广告，这一举措最终为公司带来了更大的收获。由此可见，企业营销应充分利用名人效应，发挥名人在普通消费者心目中的地位和影响，引导消费者认可和接受企业的产品，最终达到产品促销的目的。

8.1.2 名人+公益=传播奇迹

但在移动互联网时代，名人营销的方法也应适当调整。如何在移动终端通过名人效应吸引粉丝的关注，进而增加企业知名度和产品销量呢？下面先来看一个名人做公益的例子：

香港知名女星梁咏琪最先发明了“微博捐款法”。2010年3月25日生日当天，梁咏琪在微博上发文说，网友每转载她为灾区募捐的微博一次，她就捐一元到香港联合国儿童基金会。活动为期3天，至3月27日深夜12时止。这一方法为梁咏琪的微博赢得了超高转载率，她这条微博获得了超过8万多网友的转载。

182页的这张图是时隔一年后，梁咏琪在2011年3月25日发表的微博，同样是微博募捐，这条募捐微博光评论就有8万多条，获得了30多万网友的转载，比去年增长5倍多。

做公益在内容上不同于企业营销，但在方法上却有共通之处。梁咏琪做微博公益后的粉丝热度不断增长，体现的正是粉丝对梁咏琪善良的认同，这至少产生了两个结果：一是促进这些粉丝对公益事业的关心，二是增加了粉丝对梁咏琪的好感和信任。而这两点不正是许多企业在做营销时最希望达到的目标吗？打个不太恰当的比方：这里的公益事业即产品，梁咏琪则是品牌。通过一次“微博营销”就令粉丝既关注了产品又信任了品牌，这正是企业在将名人效应和移动互联网营销策略相结合过程中最希望看到的结果。

8.1.3 合理规避名人负面效应

但是要注意的是，名人对于企业来说也是一把双刃剑，企业用名人效应应该慎重行事，如果运用失当，其负面效应更不可低估，对此企业应当有清醒的认识和把握。选择合适的代言人是广告成功的关键，同时，也不能忽略对宣传契机与方法的把握。毕竟，移动互联网时代的粉丝既是热情的也是无情的。

以林志颖在微博宣传“爱碧丽”胶原蛋白饮品为例。最初，林志颖因为驻颜有方被网友追捧，一组郭德纲与林志颖的对比照在网上疯传，网民如狂欢般热议林志颖的不老传奇。在这种舆论背景下，林志颖选择代言与抗衰老相关的保健产品是明智的，但问题在于，他既没有选择与大的保健品品牌合作，也没有使用优秀的软文进行营销包装，而是使用老套、故弄玄虚的“专家认证”等方式进行微博宣传，引来众多粉丝的反感，甚至招致方舟子等人对其代言产品的功效质疑，一时间舆论哗然，其偶像形象与公信力也受到不小打击。

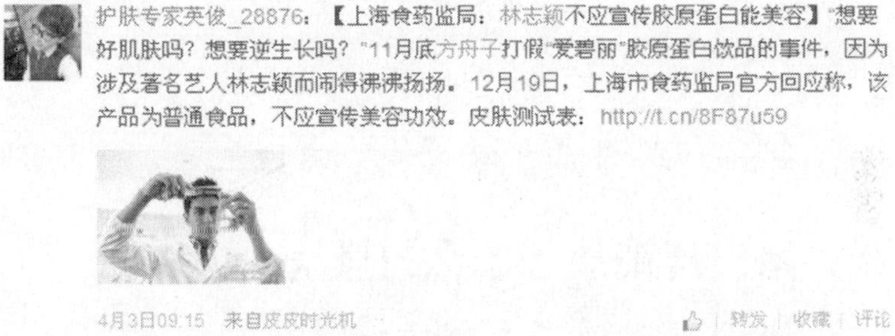
护肤专家英俊_28876：【上海食药监局：林志颖不应宣传胶原蛋白能美容】"想要好肌肤吗？想要逆生长吗？"11月底方舟子打假"爱碧丽"胶原蛋白饮品的事件，因为涉及著名艺人林志颖而闹得沸沸扬扬。12月19日，上海市食药监局官方回应称，该产品为普通食品，不应宣传美容功效。皮肤测试表：http://t.cn/8F87u59

4月3日09:15　来自皮皮时光机　　转发 | 收藏 | 评论

由此，我们发现，移动互联网时代，企业利用明星效应进行粉丝营销已不再是一件只需要投入巨额代言费就能高枕无忧的事。企业既要考虑明星的个人特质，也要注意移动互联网粉丝的心理诉求。

一般说来，好的形象代言人应当具有以下特征：

1.有较高的社会知名度和美誉度。从某种程度上说，名人知名度的高低同广告效果的大小是成正比的，而名人的美誉度会给人以信任感，产品借名人扬名，名人与产品相得益彰。

2.名人与所宣传的产品之间应该具有某种关联性，能建立一种名人形象与产品形象的和谐关系。

3. 慎重考虑名人本身的形象、特长、个性魅力等，是否与广告所要沟通的目标消费群相和谐。

符合这些条件后，名人营销还应贴合移动互联网粉丝的特点，做到以下三点：

1.保持更新热度，与粉丝进行良好的互动，拉近与粉丝间的心理距离。

2.在第一步基础上，对产品广告进行适度软包装，不宜进行太过直白的推荐和简单的转发。产品植入应当做到自然而然，不留痕迹。当然，也可以反其道行之，让明星通过“自黑”进行趣味宣传。如郭德纲在微博进行面膜的宣传就是充分利用名人形象和产品之间的巨大反差，以及名人自身的幽默特点，来带动粉丝的关注与热议。

3.多参与公益活动，塑造品牌的诚信、负责形象，从而树立良好的品牌形象。设想一下，梁咏琪的微博公益若是在开头加上“梁咏琪与某某品牌合作，发起微博捐款活动……”相信很多粉丝也会对这个品牌“另眼相看”。

8.2 米粉文化：营销战想怎么打就怎么打

互联网发展的前十年里，整个行业尚处在被拓荒的原始状态。一家企业若是把握住了合适的产品方向，就能很快累积起一定的用户基础，就像腾讯那样。但是，在今天，在新的互联网时代，激烈的市场竞争加上用户对各种营销模式的熟稔，已经使得用户对产品的鉴赏能力有了极大的提高。所以，像从前那样通过“专家推荐”和“密集轰炸”等老套路进行营销已经行不通了。尤其当移动互联网横空出世，用户浏览信息的方式更加快速且碎片化，没有新意、无法瞬间抓住眼球的广告就会被他们轻易地抛弃。

在这样的时代背景和用户诉求之下，有的企业选择了不断出新出奇，利用炒作吸引眼球，但这种做法只能图一时热闹，用户不是傻子，看完热闹就散了，真正愿意为你的产品花钱的人少之又少。在这种“不怪没人看，怪了看完算”的悖论下，小米和雷军走出了一条更贴近用户的新路子。

8.2.1 令人咋舌的粉丝经济

雷军早就认识到：只有极度贴近用户，用心与他们沟通和交流，建立一定的情感维系，一个优秀的产品才能得到长远而稳定的发展。在他看来，营销并非做一两次新奇广告，而是长久的互动。在互动的基础上催生的营销策略就是粉丝营销。在小米之前，只有影视、文学、娱乐等多个行业在粉丝的推动下前进着，当小米将粉丝经济运用到极致，甚至依靠网络打造了一条产值丰厚的粉丝产业链时，人们忍不住惊呼：原来还可以这样做手机营销！

关于小米如何利用互联网的力量，雷军曾表示，就是从米粉中来，到米粉中去。这是超级泛化的众包模式逻辑，即一种以自由自愿的形式外包给大众网络的做法，粉丝各尽所能去成就他们认同的对象。事实证明，雷军的想法是经得起事实验证的。

我们不妨先看一下小米手机销售的几个关键时间点：

2011年9月5日，小米手机正式开放网络预订，34个小时预订了30万部。

2012年10月30日，小米M2手机网络发售，首轮5万台在2分51秒内被抢购一空。

2013年4月9日，小米连续发布4款新品，当晚8点，20万台小米2S开放购买，在2分钟内售罄。

从上面一次又一次被刷新的销售速度的数据我们可以看出，小米是成功的，小米的销售也是非常成功的。作为一家年轻的企业，小米在中国强大的用户号召力毋庸置疑，不断刷新的销售记录也让希望看到“小米其实只是三分钟热度”的人们大跌眼镜。

8.2.2 不花钱也能“收买”粉丝

雷军曾说过：“小米与大部分企业的不同之处是在构建企业时，以米粉为核心，从使用者的角度细心思考了许多事情。”小米最成功的一点便是塑造了自己独特的粉丝文化，让粉丝成为小米的代言人去主动宣传小米的优点，并维护小米的品牌荣誉。

在小米创业的初期，第一个产品是MIUI操作系统，黎万强是当时这个业务的负责人。雷军给黎万强的任务是“不花钱把MIUI做到100万”。“唯一的办法就是在论坛做口碑。”黎万强在雷军的重压下带领团队泡论坛、灌水、发广告、寻找资深用户。

从最初的1000个人中选出100个作为超级用户，参与MIUI的设计、研发、反馈，这100人成为MIUI操作系统的“星星之火”，也是米粉最初的源头。后来，在零预算的前提下，黎万强建立起小米手机论坛，这也成为米粉的集合地。可以说，小米论坛社区是小米数百万米粉的大本营。

可能很多人都难以理解，为什么会有那么多人每天打开电脑的第一件事就是登陆小米论坛，无条件地协助管理员维护论坛秩序，甚至可以牺牲睡眠时间，一天几个小时泡在论坛上？实际上，可以用一个词来解释这一现象，那就是归属感。在小米论坛社区，很多人不仅可以找到志同道合的朋友，还可以展现自己在生活中不能或者不敢表现出来的那一面，在论坛里，一个平时沉默寡言的人可能会摇身一变，成为一个可以得到众多人敬仰和崇拜的刷机高手。

而且，小米论坛还会通过徽章一类的东西来标明米粉的身份。现实中的他们怎样已经不重要，ID才是他们身份和角色的象征。可以说，就是这种心理上的满足和归属感让很多人都心甘情愿地成为米粉，并坚定地成为这个阵营中的一员。

小米在网络论坛成功之后，又向微博、微信等社交新媒体发力。通过摸

索，微博慢慢成为实验营销的主场，为小米赢得更多的新用户，论坛沉淀下资源用户，微信则慢慢地开始发挥客服的作用。可以说，小米几乎完全放弃了传统的广告宣传形式，“论坛+微博+微信+QQ空间”成为小米新营销战略的组合武器，为小米获取了很好的知名度和口碑。

此外，小米还设立了米粉节，就是与用户一起狂欢的Party，是米粉的节日。在每年的米粉节活动上，雷军会与米粉分享新品、沟通感情，激发米粉的热情。而且，每次的小米发布会也都是米粉们的一次疯狂的聚会，有些米粉甚至骑着自行车不远万里专程赶来参会。在2013 年4 月9 日的小米米粉节上，小米特别发布了一部专门为感谢100个铁杆粉丝的微电影，名字叫作《100 个梦想的赞助商》，其中把粉丝们的名字投到大屏幕上，以示感谢。

8.2.3 特别的小米，特别的米粉

小米的营销模式和别的传统手机商不同，甚至和苹果也不同。雷军当然是最重视营销的，他认为小米卖的就是一个营销，而绝非小米手机。营销最重要的是什么？可能不是像明星的后援会那样的粉丝团，明星粉丝团说到底是艺人经纪人的附属物。艺人的艺术素质高低如何，这不是关键，甚至有时连演技都是次要的，那是纯粹的名人效应光环。

对于小米来说，粉丝们的所作所为显然要比这类粉丝团地位重要得多。小米的粉丝运动其实预示着科技领域的市场营销工作正在面临变化，越来越重视公共关系领域的运营。在小米的新营销战略取得巨大成功之后，市场讨论的话题也从一开始的"小米模式能否成功"演变为"小米成功能否复制"。如今，华为、OPPO等厂商也开始重视自身的核心用户群体——对于产品、技术、市场有一定理解，对周围人的选择有一定影响力的用户，在产品营销、推广中的重要作用。

8.3 情感营销：有人情味才有铁粉

移动互联网时代，要想培养大量优质粉丝，为品牌、产品的营销打基础，除了要专注于产品本身的质量外，还要注意对粉丝的情感维系。这也就是情感营销的真谛，把消费者的个人情感差异和需求作为企业营销战略的核心。

8.3.1 真情回馈，打造情感回路

移动互联网时代也是一个情感消费的时代，在这种背景下，消费者购买

产品所看重的不再只是质量好坏以及价钱高低，也是为了一种感情上的满足和心理上的认同。企业要学会从消费者的情感需求出发，借助情感包装、情感促销、情感广告以及情感口碑等方法唤起并激发消费者的情感需求，使消费者在心灵上与你的企业品牌产生共鸣，最终形成情感回路，将用户变成粉丝，将粉丝变成铁粉。

被称为"世界上最伟大的推销员"的乔·吉拉德，在顾客的生日、结婚纪念日等重要节日都会给对方寄出贺卡，平均每年要发出1.2万张名信片，让顾客接到他的关心和祝福，这些顾客中甚至包括只和乔·吉拉德有一面之交，并未从他的手中购买汽车的人。这就是眼睛不只看着顾客口袋里的"钱"，也看重顾客的"心"的情感营销的典范。

无独有偶，这种情感营销也被成功移植到了移动互联网营销里来。

美国通讯运营商AT&T为答谢Facebook上几百万粉丝的关注与支持，利用社交媒体特意做了一个名为"Thank You Notes"的活动，其主要内容就是用精心制作的500支音乐视频短片把对粉丝的感激表达出来。这种感激并不流于形式，例如：为感谢一名叫Mary的幸运女粉丝，AT&T就特意录制了一支融入Mary名字的音乐短片。而这500支短片中的粉丝都是从Facebook上推广的一个App互动活动中挑选出来的，对于那些认真填写了姓名、居住地、喜爱音乐类型等信息的粉丝来说，这个回报实在是太让人觉得感动了。尤其是AT&T还会把这500支音乐视频短片上传到YouTube的专题页面，对那些幸运的粉丝来说，这又是一件值得骄傲的事情。

可以想见，不仅这500位幸运粉丝，凡是关注到这次感谢活动的AT&T用户，都会自然而然地提高对AT&T的信任度和好感度。我们发现，移动互联网情感营销相比传统的情感营销在本质上没有区别，但在形式上却更加快捷、准确、新颖，传播的效果也有了飞速的增长。

8.3.2 用人情味润滑购物体验

当然，移动互联网时代的情感营销的形式并非只有感谢用户这一种，在平时的营销过程中，企业更应该注意培养自己在移动互联网上的“人情味”，在频繁互动中潜移默化地增加用户的情感积累。

在广告和传播学中，根据弗雷奇的人情味公式，人情味分数=3.365×每百字中的人称词数目+0.314×每百句中的人称词数目，人情味分数越高（简单来说就是越多用你我他），广告或者新闻的传播就越广泛迅速。所以在进行移动互联网营销时，企业一定要像个“人”，要有人情味地与用户进行“朋友式的交流”。

几乎所有经典的商业案例，无一不是从那些微小的或者漫无边际的交流开始。一句“周末愉快”比“你打算买什么”所构建起来的关系，让人觉得可靠。以微博为例，企业如果能以个人的角色出现，并且随时接受粉丝的直接评论，信息的传递路径会变得简洁可信，少了诸多过滤层，效果将会好得难以想象。

当企业和顾客之间不再是简单的买卖关系，而被赋予更丰富的人性化色彩后，买卖自然会向更温和的方向演变。当然，微博、微信等充当的这个桥梁并非是每家企业都能轻易驾驭的。一旦失败，直接损失的是企业的形象和声誉，所以企业必须用专业的、负责的心态去利用这些社交媒体。

仍以微博为例：“人化”的企业微博内容可以简略概括为：关于企业新闻的发布，比如品牌信息或活动促销信息；公司组织的员工活动或员工的工作生活(趣味好玩，有生气活力的片段)；突发性事件的现场抓取；知识的平等分享，比如跟公司行业有关的比较吸引人的知识；适当的玩笑、冷段子；行业热点关注事件与权威评论等。

2010年9月28日，国内知名装饰公司元洲装饰在新浪微博上发表了一篇名为“元洲找国庆，网友抢沙发，盖微博第一高楼。”的微博。元洲装饰在设计微博内容时，将微博拟化为人的口吻，不刻板严肃，只求个性化的沟通，

“我喜欢在你身上爬来爬去，喜欢抚摸你的每寸肌肤，喜欢躺在你的怀抱，我一刻也离不开你，我爱你———SOFA，沙发！呵呵，#元洲寻找国庆#专职抢沙发的机不可失啦!”诸如此类的语言风格让网友们感到新鲜有趣。截至2010年10月7日，该微博已经被转发10119次，共有10211人对此发表了评论，从而创造了中国家装微博史上第一高楼的神话。

元洲装饰的例子让我们看到一个聪明的企业是如何通过微博等社交媒体来建立自己亲民、人化的企业形象的。我们知道，通常消费者的购买动机来自于他的经验，有了购买动机以后，是否付诸行动还要看消费者的感觉如何，然后再形成他的态度，从而决定购买行为的发生。消费者的每次决策过程又构成了他的经验，从而反复循环着这些心理因素对购买行为的影响。也正是心理因素的影响，使得消费者的决策过程具有复杂性、情境性以及个性等特点。

但这并不表示消费者就是无法捉摸的，正相反，正是这种看似复杂实则有迹可循的消费决策心理使得消费者的购买行为更易被企业引导，尤其在移动互联网的世界里，舆论的风向是很容易被“操控”的。所以，通过一系列亲近用户的方式来充分把握目标市场上消费群的心理，才能在移动互联网营销中占有主动权。等到粉丝基础牢固时，企业只要适时牵引粉丝，就能实现自己的营销战略目标。

8.4 围着粉丝转，粉丝才会围着你转

有关以客户为导向的创新与研发，一直是管理学界的宠儿。他们有各种各样华丽的称号：体验性创新，众包模式，顾客需求创新等，不一而足。但

这种管理创新的方式，核心只有一个：企业的全部经营活动，而且必须只能以消费者为中心。也就是说，只有企业先围着粉丝转，粉丝才会有可能围着你转。

8.4.1 客户的需求就是商机

以客户需求为导向的管理者倾向于认为顾客的需求就是商机，鼓励团队在日常营销过程中关注消费者的一举一动，及时整理、分析反馈信息，改进营销方略，争取最大的市场份额。

史玉柱就是“拜消费者为师”的代表。他将这种思路应用到网游开发上，在网游《征途》的开发过程中他共与2000个玩家聊过天，每人至少2小时。这样算下来的话，他总共用了4000多个小时与目标消费者沟通。在4000多个小时的聊天过程中，他体会到玩家在网游中的种种心情。所有这些复杂甚至对立的情绪，史玉柱了如指掌。因此他在《征途》中，给玩家所有情绪提供了释放的机会，这也正是《征途》最吸引人的地方。

此外他发现大部分游戏升级过程都非常痛苦。为了升级，玩家经常要整夜把一只手放在键盘上，一只手拿着鼠标，并要一直保持这个动作。因此，史玉柱在《征途》里，把游戏规则改了，去掉了打怪的过程。

为了更好地为玩家服务，巨人网络首创“客服预约模式”，玩家可以让客服找自己。这是因为，“客服电话难打通”是网游行业里的普遍难题。这种处处为玩家着想的态度，使巨人网络受到广泛好评。于2007年度中国游戏产业年会上“巨人网络”囊括了七项大奖。

很多人认为史玉柱能够一再成功，从脑白金到网络游戏，靠的是近乎偏执的营销手段。但专家以为，支撑史玉柱成功的是他强烈的“破坏性创新”的精神，以及真正满足用户需求的顾客导向战略。史玉柱说：“现在所有的游戏公司都在跟我们学，只要跟着玩家走，满足他的要求，不要管这个行业怎么评论，唯一的评判标准就是玩家。我做《征途》过程中考虑的就是玩家的需要，而不是什么行业规则。”

8.4.2 让用户决定产品品位

马化腾的产品思路和史玉柱的营销思路不谋而合，马化腾曾说：“在研究用户需求上没有什么捷径可以走，不要以为自己可以想当然地猜测用户习惯。产品研发中最容易犯的一个错误是：研发者往往对自己挖空心思创造出来的产品像对孩子一样珍惜、呵护，认为这是他的心血结晶。好的产品是有灵魂的，优美的设计、技术、运营都能体现背后的理念。有时候开发者设计产品时总觉得越厉害越好，但好产品其实不需要所谓特别厉害的设计或者什么，因为觉得自己特别厉害的人就会故意搞一些体现自己厉害但用户不需要的东西，那就是舍本逐末了。”

确实如此，很多企业的产品研发并不考虑消费者的使用习惯和接受程度，一味追求所谓的“品位”，结果投资巨大，收获惨淡。同时，那些把自己定位于低端用户的产品，也有很多想都不想就滥用卡通头像和花哨的页面装饰，以为这就是对用户需求的满足。其实，这些都是不尊重用户、不以用户为产品导向的体现。用马化腾的话来说就是：“用户群有客观差异，但没有所谓高低端之分。不管什么年龄和背景，所有人都喜欢清晰、简单、自然、好用的设计和产品，这是人对美最自然的感受和追求。”

营销的关键是粉丝，粉丝的关键是产品，产品的关键是体验。所以，移动互联网时代，不论你要推广什么产品和服务，都要立足消费者，立足你的潜在粉丝，从他们的使用习惯和潜在需求出发，学会倾听和挖掘。

仍以腾讯为例，现在很受好评的QQ邮箱，刚推出时市场并不被认可，因为其设置对用户来说非常难用。后来，腾讯对它进行回炉再造。为了掌握用户的使用习惯和需求，腾讯形成了一个“10/100/1000法则”：产品经理每个月必须做10个用户调查，关注100个用户博客，收集反馈1000个用户体验。这种方法虽然看起来很笨，但却十分管用。

面对用户反馈回来的千差万别的意见，如何对其进行筛选呢？在具体操作中，每个产品团队都有自身的经验、风格和对用户的敏感度。但从用户反馈的终端倒推，好的产品团队往往具备多年的经验，并且对用户的需求变化非常敏感，和用户互动时非常用心。所以，这个制作QQ邮箱的团队，后来又成功打造了腾讯的另一个重要产品：微信。在进入微信这一手机应用之后，团队成员之前在用户体验方面的很多经验都有助于他们对新产品的用户需求的把握。

8.4.3 乔布斯是怎么对待果粉的

人类社会正在逐渐走向“体验经济”的时代。许多客户第一次走进苹果的店面时，最大的感受就是苹果店面的环境设计和其他IT电子产品的店面完全不同。在看上去朴实无华的桌架上，各种产品的展示却做到了恰到好处。

由于技术实现与需求的关系已经达到过饱和，在革命性的技术变革出现前，小规模技术改进对需求几乎没有任何刺激。这时，“产品与客户共鸣”“制造让客户难忘的体验”就成为新时代的先发企业积累忠实粉丝的制胜法宝。为了这个目的，你的企业需要做到乔布斯曾经反复向苹果员工强调的以下几点：

1.一定不要浪费用户的时间，例如：巨慢无比的启动程序；让用户一次次地在超过50个内容的下拉框里选择……学会珍惜用户的时间，减少用户鼠标移动的距离和点击次数，减少用户眼球转动满屏寻找的次数。

2.不要想当然，不要打扰和强迫用户，不要为了1%的需求骚扰99%的用户。

3.不要以为给用户提供越多的东西就越好，相反，重点多了就等于没有重点，有时候需要做减法。

4.主动尝试去接触你的用户，和他们沟通，了解他们的特征和行为习惯。

企业之所以能够生存，唯一的原因就是顾客乐意购买你的产品。这正应了那句话："你让顾客满意，顾客才会让你满意；你满足了顾客的需求，顾客自然也就满足了你的需求。"从这个意义上说，超一流的产品其实就是最能满足顾客需求的产品。

8.5 打造社交平台，让粉丝经济可持续

以腾讯为例，很多人在研究腾讯的核心竞争力时发现，腾讯真正赖以发展的基础是通过社会关系网络连结在一起的强势用户关系。这群用户相互之间不断交流，形成一种相互依赖的关系。马化腾正是因为很多年前就看到了网络社区这一趋势，围绕社区平台做文章，才让QQ迅速激增，让腾讯从默默无闻变成如今几乎很少人不知道的聊天工具。

8.5.1 社交生活网络化

随着移动互联网向全面的社区化发展，来自网络社区用户之间的信息共享正日益成为网络世界中一个重要的信息交流纽带。在一些社交网络平台上，来自好友之间的"转贴""分享"等行为已经成为中国网民最为热衷的一种信息传递和分享方式。这种趋势正渐渐改变着每个人的生活方式。

陈洁大学毕业后，进入一家外企工作。当时，她花在开心网的菜地上的时间，明显多于在人人网上抢车位的时间。而现在，她习惯于把所有遇到的有趣事件都发到微博上，不仅在办公室里，甚至在上下班的路上遇到大堵车的时候，她都会拍一张一眼望不到头的车龙，用iPhone发到微博上："真庆幸今天我走去搭地铁了！"休假时，她在豆瓣的"同城活动"里寻找自己喜

欢的各种演出讲座，点下“我要参加”。实际到场后，再用街旁网“签到”……

对移动互联网的社区化发展趋势，陈洁表示乐在其中，她说：“我不用再真正见到我的朋友们，或者一遍遍给他们打电话、发短信，我就能知道他们在做什么，喜欢什么，要干什么。而且我也了解到更多层面的他们，在这些网站上，他们更放松，也更自我。”这些网络让她的人际关系“更简单、随意，也更直接”。

随着社会的发展以及互联网技术的进步，人们寻求分工和协作的范围扩展到了整个网络，并逐步开始了网络的社会化，在网络上建立了一定的社会关系，并将这种社会关系演化为现实中的关系，逐渐发展成为社会化网络平台。在移动互联网时代，社会化网络平台的发展也日渐倾斜到移动端，各大社交网站都推出了自己的移动客户端，而移动互联网营销革命的重要阵地正在此处。

8.5.2 用社交平台提升粉丝依赖度

谈及设计平台，在中国我们就不能不提及腾讯QQ，它几乎成为了中国网民的一个通用聊天软件，也是几乎所有网民都在用的社交平台。

在马化腾的脑海里，未来的腾讯要成为中国人在线生活的一个符号。“只要一提到QQ，一提到腾讯，就会联想到在线生活。”他说。正如日常生活中人们对水和电的依赖一样，腾讯要做的正是互联网上的水和电。受水、电生意商业模式的启发，马化腾把传统生活全部搬上网络，打造在线生活。腾讯旨在打造中国最大的网络社区，满足互联网用户的在线沟通、资讯、娱乐和电子商务等需求，这正是腾讯的一站式“在线生活”服务。

马化腾表示：“可以预见到，互联网的下一个10年将是网络生活化的10年。”为此，腾讯在深度整合的基础上，采取“一横一竖”的业务模式，原有的即时通讯工具和门户网站、互动娱乐服务，以及包括多媒体、音乐、电子杂志等在内的网络内容服务和电子商务。这样的布局可以服务更多的用户数量，可以搭载更前沿的技术，更为重要的是，在此基础上，可以扩展更广泛的网络增值业务，满足并实现更多的用户需求。马化腾希望，通过这个平台，人们可以利用网络提升生活质量和工作效率，使网络成为人们日常生活、工作和学习的重要组成部分。

在国外，社会化网络这一领域的领军者无疑是Facebook。它从哈佛大学内部的社交网站扩展至常春藤名校间的联盟，最终席卷全球。现在，它拥有超过10亿的用户。仅仅是这些用户每天上传的照片数量，就已经让 Facebook 成为最大的照片分享站点。就在你看这句话之时，Facebook又产生了超过1000万次的页面访问量。

8.5.3 粉丝值多少钱？如何兑现

不论是腾讯还是Facebook，其完善的网络生活平台带来的都是庞大的用户基数，巨大的流量。而这正是许多企业在做营销时梦寐以求的。移动互联网时代，一个粉丝究竟值多少钱呢？在网上，花10元可买到1000名微博粉丝，但这并不表示每个粉丝就只值1分钱。

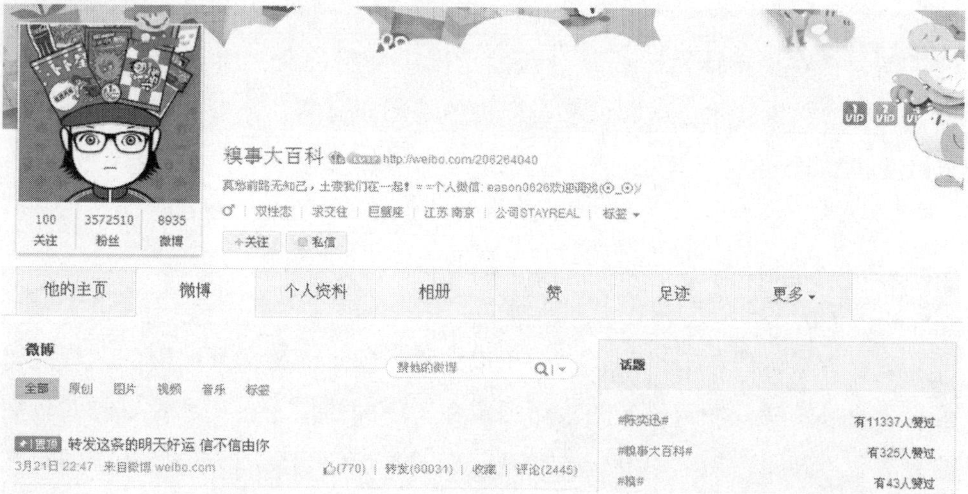

南京大学生赵成精心打造的微博“糗事大百科”不到一年已拥有60多万粉丝。他在接受采访时表示：他每月只需要在不影响其微博风格和质量的前提下发布几条软广告，就可以轻松挣到两万多块。

这还只是利用社交网站粉丝盈利的一个小例子。国外有统计数据显示，一个社交网络粉丝的平均价值高达136美元。粉丝之所以这么有价值，是因为在社交网络上，他们不仅是受众，还是传播者。国内利用微博等社交平台提高销售的企业不在少数，而通过它们打响企业品牌的案例也很多。总之，以网络生活平台为基础积累的粉丝，将是一座开发不尽的营销宝库。

8.6 责任带来信任：建立品牌的正面联想

虽然社交平台的主要目的是通过建立与粉丝的持久联系来赢取利润，但是，社交平台还是一个媒体平台，是一个影响大众视听的传播媒体。所以，作为一个有社会公众影响力的平台就要有社会使命感，要建立正确的社会舆论氛围，要宣扬正能量，要从公众的角度出发想公众之所需，急公众之所急，只有这样粉丝才会认同该平台的价值观和使命感，才可能对该平台产生忠诚度和粘度。

8.6.1 公众舆论决定营销环境

企业为了达到营销目的，必须积累大量粉丝。而移动互联网的发展使得很多企业将发展、经营粉丝的策略限定在了新闻炒作、宣扬个性等时效较短的方法上。其实，粉丝的身份本质是公众，虽然他们会因为一些新奇的新闻或者颇有共鸣的宣传语关注你，但这并不表示他们就会一直做你的粉丝。经营粉丝是一项长期工程，需要把握粉丝作为普通公众的心理诉求。

科特勒在《市场营销教程》里提到：“公司的营销环境也包括各类公众。公众是指对组织实现其目标能力具有实际的或者潜在的利益关系或影响的任何群体。公司可以像为其顾客市场制订营销计划那样为其主要的公众制订计划。如果公司想要从某一类公众那里得到特定的回应，比如商誉、良好的口碑或是人力和资金捐助，它就必须为这些公众提供一些足够有吸引力的东西，以便实现其目标。”

对企业来说，不仅有竞争对手与之争夺目标市场，而且还存在对其业务活动方式感兴趣的各类公众，他们对此或欢迎，或反对，或不闻不问。公众对企业的这些态度，都会对企业的营销活动产生巨大的影响，它可能有助于增强企业实现自己目标的能力，也有可能妨碍这种能力的壮大。

8.6.2 建立品牌的正面联想

有远见的企业都会采取具体的措施，努力地去处理好与公众的关系，争取公众的支持与偏爱，从而为自己营造一个和谐稳定的经营环境。当然，对于公众关系的维护，是一个需要长期重视的“工程”，一旦不慎，往往会导致“一失足而成千古恨”的后果。

所谓“水能载舟，亦能覆舟”，在商场中，公众就好比流水，企业就好比水上航行的木舟，由流水托起并推动，同时也能被流水所颠覆。若想要顺利远航，那就必须要熟悉“水性”，即为公众带来福利，才能获得公众的支持。总之，若想取得市场营销的成功，就必须要保持并处理好各方面关系，并努力保证企业在公众当中的口碑与形象。

以阿里巴巴为例，它一直以帮助中小企业发展作为自己的核心价值观，因此，其微博里对公益事业有颇多关注，久而久之，其企业形象就与“责任”和“公益”挂上了钩，从而吸引了大批粉丝的关注和信任。

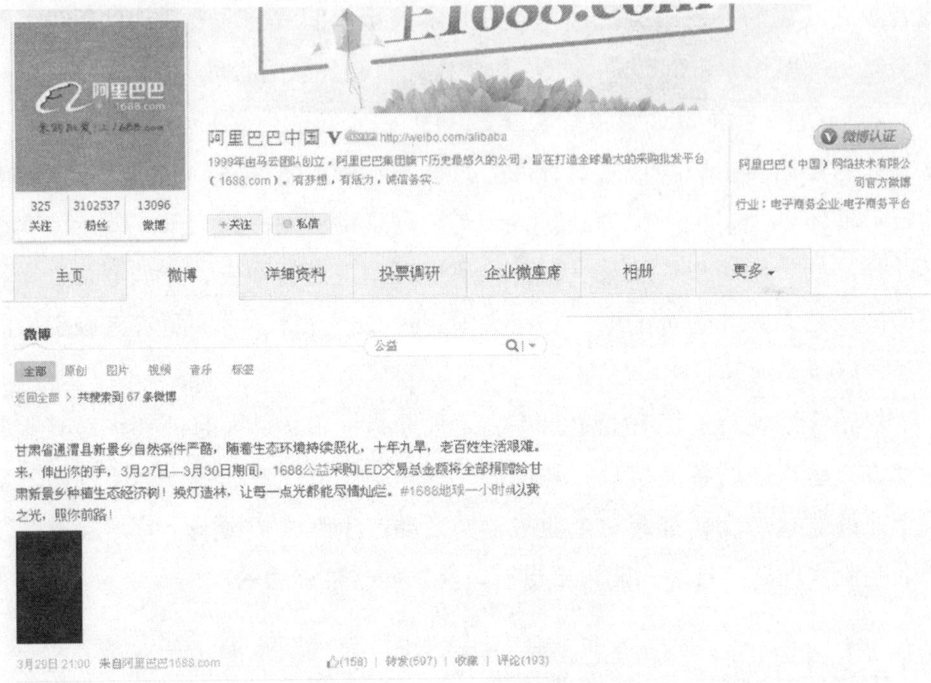

为了达到保持口碑与形象的目的，有远见的企业通常会选择做一些承担社会责任的事。所谓企业的社会责任，是指在市场经济体制下，企业除了为股东追求利润外，也应该考虑相关利益人，即影响和受影响于企业行为的各方利益。在20世纪20年代，随着资本的不断扩张，出现了一系列社会矛盾，贫富分化、社会穷困，特别是劳工待遇和劳资冲突等问题日益引起关注，于是“企业的社会责任”被提到了人们面前。

一、马云：不把赚钱放在第一位

很多企业家在刚开始创业的时候，就把为众人服务作为企业的目标。譬如比尔·盖茨，他在创业之初就已经把“让千万人都用得上电脑软件”作为目标；山姆·沃尔顿，他发誓要建立一种既便利又廉价的商业形态，沃尔玛帮他实现了这一理想；再如马云，他刚开始创业的使命就是“让天下没有难做的生意”。当然，光有使命是不行的，必须产生财富，这样，自身创造的价值才能得到人们的认可。

马云认为，一个伟大的公司当然也需要赚钱，但是光会赚钱的公司不是伟大的企业。阿里巴巴最重要的原则之一，就是永远不把赚钱作为唯一目标。他觉得伟大的公司首先能为社会创造真正的财富和价值，可以持续不断地改变这个社会。这就是一个企业拥有社会责任感的表现。马云的这种创业价值观为其树立了有责任感的企业家形象，这让他受到公众的尊敬，也为他带来了众多粉丝。

马云的微博没有像一般企业家那样为自己添加很多“董事长”“CEO”之类的头衔，而是很淳朴地使用“大自然保护协会”这样一个公益组织成员的身份定位自己，其微博内容也多与励志、公益有关，因此他在没有关注1人的情况下，已经拥有一千多万粉丝。

二、马化腾：积极履行社会责任

与马云类似的是马化腾，马化腾认为，积极履行企业社会责任不但是中国网络文化企业义不容辞的社会责任，也是每一家企业公民应尽的义务，更是整个网络文化产业和谐、持续发展的保障。

2006年，腾讯出资2000万元人民币发起设立腾讯公益慈善基金会，这是马化腾的第一个大手笔，其目标就是改善更多青少年的生活条件。之后，马化腾的着力点也一直放在青少年资助与教育之上，腾讯慈善公益基金会先后与中国儿童少年基金会、中国青少年发展基金会等建立联系。也正因如此，2007年6月，马化腾荣获了"中国儿童慈善家"荣誉称号。

与很多企业家做慈善侧重于捐款不同，马化腾利用腾讯的传媒平台优势，立足于培育慈善文化。腾讯不仅自己成立基金会，直接对外捐赠，而且与中国儿童少年基金会、中国扶贫基金会、李连杰壹基金等多家专业慈善机构合作，为他们提供资讯传播、在线捐赠、网络义卖等公益服务。同时，腾讯还利用QQ巨大的信息群优势，以腾讯公益网，以志愿者参与平台和公益组织运作平台开展公益项目，通过志愿者服务、资金捐赠、公益活动等方式提供网民全面参与公益的平台。通过巨大的平台传递爱心，让全社会都来关心公益、投身公益，共同关注弱势群体，以及未成年人的健康成长。在成功缔造一个互联网王国之后，马化腾正着力打造一个慈善的希望工程。

马云、马化腾等人的选择并非偶然。因为在当今社会，企业的社会责任已成为检验企业核心竞争力强弱的标志，拥有社会责任感是企业生存和持续发展的必要条件。一个优秀的企业公民，或者说是企业社会责任的先行者，应该以社会责任（CSR）战略为自己的社会责任原点。如何制定CSR战略，才能对企业本身、对社会、对环境都有重要意义，往往是一个企业决策者应尤为关心的问题。

第9章

互动策略：鱼来雁往中实现盈利

在这个媒体碎片化的时代，最有聚合力和公信力的媒体无疑是最有影响力的，而在这种新媒体的背后是话语权的聚合。不管草根还是名人，如能聚合大量有吸引力的内容，就能实现自己的话语权的聚合。而在这种聚合下，互联网营销已经不仅是网络广告的销售，也不仅是先有人气后有流量的人海战术，而是在高曝光、广而告知的基础上给客户提供一个聚合了互动性、精准性和创意性的投放空间。有了这样的一个空间互动才能顺利进行，商家和用户之间才能更加“亲密”地接触。

9.1 互动营销：把选择权还给用户

在这里我们所说的互动，其实就是沟通，就是通过网络互动的特性，帮助品牌、商家和消费者之间建立沟通。一个好的互动设计可以为营销提供很大的空间。所以，对于商户而言，营销将不再是自卖自夸，而是要把选择权和话语权交给用户，通过话题讨论带动一系列的用户互动沟通，通过这种沟通增加商家人气、粉丝和关注度，并由此解决营销问题。

9.1.1 自说自话的时代过去了

在单向度广告的“推销”逻辑下，生产者往往自说自话，而消费者更是被动地接受信息。然而，在这种刻板的营销模式下，企业无法知道消费者的真正需求，消费者也没有表达自己意见的兴趣，久而久之，双方的隔阂就越来越大。移动互联网时代的到来彻底改变了这个问题，互动营销以其快速、灵活、即时沟通等诸多优势迅速取代了传统营销单向度、压迫式的广告传播。而且，随着大数据时代的到来，真实、精确、强大的数据库分析、挖掘技术将带来真正意义上的精准沟通。由此可见，移动互联网互动营销将迎来一个黄金发展机会。

品客薯片曾针对酷爱音乐，有愿望组建乐队的学生群体做过一次App互动营销。它借助iPhone和iPad自带的三轴陀螺仪，在其App里把左右摇晃、前后摇晃等特殊动作与不同的音效相匹配，这样用户就能通过这些动作演奏出电吉他、木吉他和摇滚鼓等音效。那些没钱买乐器，或是临时起意要合作一曲的学生，只要在自己的移动设备上下载这款App，就能从该App里自动分配到一件乐器，选到“星星”的人负责在设备上连上扩音器，扮成主唱的角色，其他人也各有分工。这样，一个虚拟的品客乐队就诞生了！

这款App高度符合品客的目标用户：有活力的年轻人。随着移动智能终端内置功能的不断增多，移动互联网营销的创意和互动空间也会不断扩展开来。用户将享受到更加有趣的互动体验。

移动互联网营销最重要的原则之一就是让营销过程充满互动、充满乐趣，用移动设备来延伸用户的感官，让手机的种种功能，如摇一摇、扫一扫等服务于你的营销，并激发用户参与到你的营销活动中来，最终完成你的营销目的。著名营销创意人陈格雷曾提到：“未来的品牌应该是半成品。另一半应由消费者体验、参与来确定。”的确，现在越来越多的企业已经意识到：为了塑造品牌，扩大影响力，不能再用传统营销模式向消费者单向度硬性灌输品牌理念了。企业应该主动邀请移动互联网用户参与到实时互动的对话之中，在这种态度改变的基础上，再试图以巧妙的方法来“掌控”这种互动交流，将客户往你希望的方向上去引导，最终培养出用户对你品牌的持续关注与信赖。

9.1.2 互动策略结合社交媒体

当然，如果这种创意互动能和社交媒体相结合，那营销效果必将加倍。因为这相当于为那些拥有相同兴趣的人提供了一个长期交流互动的平台，这样企业能做的就不仅仅是圆满完成一次营销活动，这种营销将很可能有持续的效果。这种搭建互动平台的做法，要比企业试图与用户进行小范围互动要更加具有战略意义。

世界知名饮料巨头可口可乐和WWF（世界自然基金会）的一个公益项目就利用社交媒体做3次互动营销。他们利用Facebook这个全球最大的社交媒体来做保护北极熊的宣传活动。首先，为了吸引年轻人关注该公益项目，可口可乐推出了一款有趣的App，它让Facebook好友互相丢雪球。同时，为了吸引Facebook用户玩这个游戏，可口可乐还和7-11便利店一起推出了带有二维码的杯子，消费者拍摄杯子上的二维码就可链接到Facebook的相关游戏界面来。为了进一步增加用户的兴趣，可口可乐还为App游戏比赛的获胜者提供了“北极携伴双人游”门票。这种以游戏为载体，以社交媒体为平台来传播公益项目的方式，既有趣又新颖，很快就受到大批年轻人的喜爱。

当然，如果你的企业偏传统，并不具备相应的移动互联网互动营销经验，更不具备独立开发App或者其他互动工具的能力，那你也可以把大部分工作外包给专业的营销团队。随着移动互联网的迅猛发展，这类营销公司也将会层出不穷。

9.1.3 小城市营销不需要互动吗

可能还有一些固执的中小企业认为自己处于二三线，甚至三四线小城市，民众对互动营销的期待并没有达到让他们改变传统营销策略的地步。这种观点其实是一叶障目，不见泰山。

从近年来对三四线城市，甚至是更下层区域的移动互联网用户进行分析发现，正是由于他们的生活节奏慢，自由时间多，却又因为配套娱乐设施偏少而对移动互联网的娱乐需求不断增加。PC的高成本与不可移动性使得他们更愿意选择智能手机等移动终端来进行娱乐活动。因此，通过移动互联网开展互动营销几乎是每个企业的必然选择。

在印度的很多小城市，大家虽然觉得肯德基好吃，但是却觉得这个外来

品牌十分昂贵，所以不敢去店里消费。为了解决这个问题，肯德基决定通过互动，向民众展示自己的亲民价格。为此，肯德基开发了一款手机App，用户下载该App之后，可以扫描一下印度的货币“卢比”，不管你扫描多大面额的卢比，该应用都会显示该面额的卢比可以在肯德基买到哪些食物。通过这种直观而有趣的方式，民众很快便了解到原来肯德基并不贵，自己能够消费得起。同时，该App还设置了链接，用户可以直接点击进入肯德基官网下单。

对于那些已经开始摸索移动互联网互动营销的企业来说，他们要思考的则是：不论自己做还是外包给别人，自己的成本应该如何控制，投入与获益之间应该设置多长时间的观察缓冲期，为了精准、互动营销可以付出的最大代价是什么。总而言之，虽然移动互联网互动营销是大势所趋，但每个企业依然要谨慎考虑每个选择的最终价值。而要想得到正确的评估结果，就需要在初步进行互动营销尝试的同时，及时搜集互动沟通的反馈数据，在每一步互动中都设置可以检测反馈信息的环节，并对这些反馈进行及时整理、分析。这些数据是企业判断不同互动营销策略性价比的基础。

总之，从单向度向顾客推销产品到利用互联网话题牢牢抓住网民眼球，再到移动互联网时代把选择的权力交还给用户，互动营销终将成为新时代营销的基础策略之一。

9.2 创意互动：多渠道协同引爆人气

过去几年当中，“互动营销”这一移动互联网的基础策略从最初带给用户震撼体验，到现在已经能深入挖掘用户的所有潜能。互动营销已经将那些传统媒体眼里的“沉默的大多数”纷纷挖掘了出来，并让他们愉快地参与到与企业的种种互动当中，让企业看清了他们的真实面貌。这既有助于企业了解、讨好、笼络客户，也有助于客户打破传统的“被动营销”局面，主动向企业表达自己的意见。

互动营销的主要形式当然是各种互动活动，而活动开展的渠道却各有不同。微信、微博，或者论坛等，都有自己的渠道特点，因此在不同渠道开展互动营销也要各有侧重。

9.2.1 微信互动

微信本身就是一个互动性极佳的平台，所以在微信平台进行互动营销的方式多种多样，下面主要介绍其中两种：

一、使用微信自带功能互动

微信有一个功能是“漂流瓶”，用户可以“扔瓶子”和“捡瓶子”，也就是发送或接受一段文字或语音，而且是随机的。这让许多商家看到了商机，因为这种方式比较新颖，而且微信用户每天捞瓶子的数量有限，所以捞到瓶子的人通常都会仔细看一看。

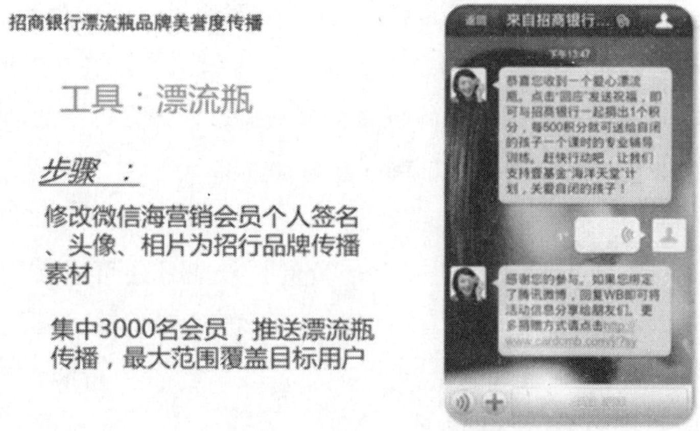

招商银行就曾发起过一个微信“爱心漂流瓶”的活动，微信用户捡到该活动的瓶子并回复消息，招商银行就会通过“小积分，微慈善”平台为自闭症儿童进行捐助。这次活动声势不小，三天内就收到了两万多条回复，据统计，活动进行期间，微信用户每捡10次瓶子就有可能收到一个来自招商银行的活动瓶子。

除了漂流瓶，微信还有一些其他自带功能都能作为很好的互动工具，如摇一摇、扫一扫等等。

以摇一摇为例，2013年3月，武汉新世界常青园就举行了一次“微信摇一摇南园一线牵”的看房活动，来看房的人在现场工作人员的指导下拿出手机参加活动，先是修改签名，然后通过摇一摇来加身边的人为微信好友。大家一开始比较害羞，后来多聊了几句就适应了气氛。商家通过这种方式增进了看房者之间的交流，也进一步提高了该小区的舆论热度。活动结束后，很多看房人都表示对该小区印象深刻。

二、使用微信公众账号互动

微信公众账号平时的作用是为用户推送有趣的内容，维持客户关系，偶尔，它也可以被用来开展活动。

著名网上零食商城1号店在微信举办过一次“你画我猜”的活动，该活动承袭自热门的App游戏Draw Something。1号店在活动的时候会推送一张画的图片给订阅自己账号的用户，用户通过回复自己猜测的答案来参与活动，1号店会从答对的用户里抽取一些颁发奖品。

除了玩游戏互动，由于微信公众账号还可以使用自定义菜单，设置链接、听音乐、看视频，所以互动形式更多种多样。

9.2.2 微博互动

微博几乎就是互动营销的天堂，其中各种有创意的互动活动更是层出不穷：你可以发起热门话题引起粉丝跟进参与，你可以开展问答促销活动增进粉丝对企业的了解，你还可以使用“关注并@五位好友就送优惠券”在积累人气的同时培养很多潜在客户……

国内领先的钻石电子商务品牌BLOVES结婚钻戒网，在业界率先尝试了以微博为媒介的全新发布形式，其官方微博抛出了“猜价格得钻戒”的活动后，立刻引起了轰动。该微博发布之后数小时转发量就达到万次以上。

在整个活动流程之后，BLOVES结婚钻戒网还有一个收尾的工作，就是进行中的活动明确注明【#猜价格送钻戒#第一期】，说明此次活动还会继

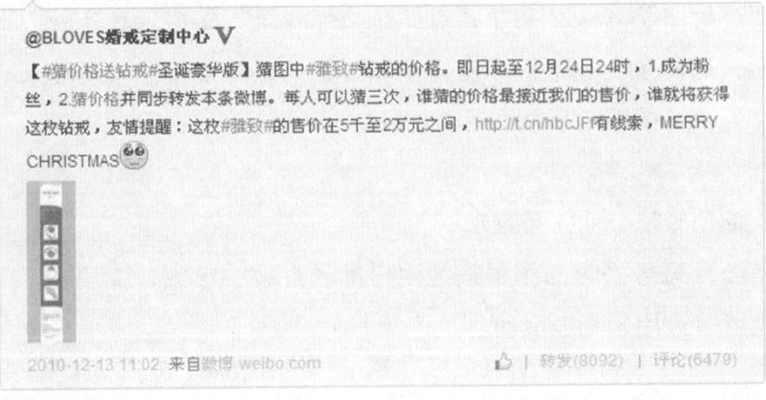

续，BLOVES结婚钻戒网还会连续进行二次、三次营销，这种持续的互动会得到更多微博粉丝的长期关注。

9.2.3 App互动

App互动的优势在于生动有趣，手机用户下载各种App的目的就是为了实用和娱乐，所以，App互动营销更贴近手机用户的心理需求。

UNO为了推广自己的新品男士洗面奶，便推出了一款品牌App。这款App针对该洗面奶的主流使用人群（20～35岁年轻男士）进行定位，除了产品促销信息，还集娱乐和交友等功能为一体，例如它针对宴会达人专门设置了“摇骰子”和“交换名片”两种社交功能，增加了目标用户对这款App的使用频率。

UNO的案例使我们看到，互动营销不仅局限在企业与用户的互动，它还包括在企业的激发下，用户与用户间的互动。

9.2.4 论坛、贴吧互动

论坛和贴吧本身就是有相同兴趣爱好的人聚集在一起进行专业讨论的公

共平台，所以在这里展开互动活动，用户的参与度会比较高。

从论坛开始发家的小米一直将小米论坛视为互动营销的主要阵地，小米会时不时在论坛举行“智勇大冲关”活动，通过过关答题的方式比拼大家对小米参数的了解，赢家不仅会获得奖品，还会受到其他米粉的尊敬，所以很多米粉都积极参与其中，该活动参与人次一度达到近2000万。

9.2.5 QQ空间互动

QQ空间可以说是“病毒式营销”的沃土。所谓病毒式营销，就是通过用户的口碑宣传网络，信息像病毒一样快速扩散，瞬间传向数以万计的受众。QQ空间里的信息传播具有病毒的特性，一个好的创意，一篇好的日志，一条有趣的“说说”，都会被迅速转发。QQ空间的互动也可以从这些易于传播的内容为基础，这里不再赘述。

以上这些渠道的种种创意互动案例相信给大家带来不少启示，只要你用心挖掘和积累，总能想到颇具亮点的互动创意。但需要提醒大家的是，任何一个互动渠道都是单一的，哪怕它受众再广，也有自己的局限性。因此，在使用互动渠道的策略上，更应发扬互动精神，多渠道协同展开，有轻有重，有呐喊有呼应，这样才能全面引爆人气，为你带来最佳的营销效果。

9.3 利用新媒体，优化“整合营销传播”

移动互联网的互动营销离不开新媒体，或者说，正是新媒体的不断涌现，才促使互动策略成为移动互联网营销的主流。新媒体指的是新技术支撑下出现的，相对于报纸、广播、电视、杂志四大传统媒体形态的新的媒体形态，包括：数字报刊、数字广播、手机短信、互联网、桌面视窗、数字电视、触摸媒体等。

我们看到，历史上每一次媒体形态的进步都给企业营销策略带来了革命性的改变和创新。互联网刚普及没多久，企业营销人员就发现了这个可以定位精准客户的新媒体渠道，移动互联网的发展也促使企业营销人员开始对新媒体的互动性更加重视。

9.3.1 新媒体类型及特点

较之于传统媒体，新媒体自然有它自己的特点。下面我们先来熟悉一下几大新媒体的特点：

一、手机媒体

如今的手机已不再单单是通讯工具，它还担当起了‘第五媒体’的重任。手机已经成为集合着通讯、视频、上网等功能的强大的掌中媒体。移动互联网营销革命的主战场就在于此。

二、IPTV

IPTV即交互网络电视，一般是指通过互联网络，特别是宽带互联网络传播视频节目的服务形式。互动性是IPTV的重要特征之，IPTV用户不再是被动的信息接受者，可以根据需要有选择地收视节目内容。

三、移动电视

移动电视具有覆盖广、反应迅速、移动性强的特点，除了传统媒体的宣传和欣赏功能外，还具备城市应急信息发布的功能。另外，对于公交移动电视来说，“强迫收视”是其最大的特点。移动电视正是抓住了受众在乘车、等候电梯等短暂的无聊空间进行强制性传播，使得消费者在别无选择时被它俘获，这对于广告的传播或许效果更佳。

四、博客

从2002年博客正式在中国兴起以来，博客突破传统的网络传播受到了越来越多的关注。由于博客个人性和公共性相结合的特点，这一新媒体的商业价值正在被越来越深入地挖掘。根据优势麦肯(Universal McCann) 的报告显示，全球34%的博主承认在他们的博客上存在产品和品牌的信息，但这似乎并未引起读者的反感。正相反，很多网民对拥有博客的企业持有正面评价，因为这些博客给网民提供了一个开放而真诚的对话平台。

五、微博

也许你也不曾留意过，大家获取新闻消息等实时信息的首选场所，已经不是电视台的晨间新闻报道，也不是书报亭里几块钱一份的各类报刊，而是一个可以分类索引的、实时、凝练、精细、量身定制，并且完全免费的新媒体平台，一个俨然让你全身心依赖的亲密伙伴：微博。微博的快捷分享、快速传播显而易见，其互动体验更是比博客升级不少。作为新媒体的代表之一，微博是现代企业进行互动营销的首选阵地。

9.3.2 整合营销传播新思路

新媒体的风靡不代表传统媒体的死亡，新营销方式的盛行也不代表传统营销策略的完全收缩。企业总是在不断探索新的营销工具，以获得更高的营销效率。但最高的营销效率，其实来自于对不同营销工具的整合利用。

一份报告指出：在生产消费产品的大公司的最高管理层和营销主管中，超过70%的人喜欢用整合营销传播作为改进它们的传播影响的工具。近年来，随着新媒体的发展与日渐风靡，整合营销传播也因此有了新的发展。

美宝莲在世界大众彩妆品牌当中的领先地位，成就了它彩妆产品的多样性和高品质。不过，在美宝莲的品牌形象传播中，更加值得一提的是它的新媒体整合营销传播。

2008年，在各大城市的地铁、公交车厢内，一则美宝莲的视频广告吸引着人们的眼球——Mabel（美宝）约会视频。视频内容根据女主角Mabel约会对象的特质和美宝莲的睫毛膏色彩种类，分为四个不同篇章，并设计了“约会突发状况情境”来传达产品的“防水”特性。当受众在饶有兴趣地欣赏完约会视频后，屏幕出现一条文字提醒：“你觉得Mabel最适合和谁交往呢？”并在屏幕下方附上投票网址。

和大家以往见到的美宝莲电视广告片不同，美宝莲采用的是一则互动广告。消费者可以通过投票来决定广告主人公的选择，也就是说，美宝莲的下一支广告的剧情，是由消费者来决定的。这种有趣的互动吸引了很多消费者的眼球。该视频广告后简短的一条讯息就将“接受”过渡为“交互”，并巧妙将“终端”转移至“网络”和“手机”，通过POCO网这一以图片兴趣聚合的同好社区平台实现了从传统的“视频单向广播”到一种互动的传播方式。

而在深入推动互动营销的过程中，美宝莲还采用了多种传播方式，其中美宝莲尤其注重对新媒体的运用：博客是新媒体；视频是新媒体；手机是新媒体；分众也是新媒体，新媒体的大家庭越来越丰富，终端也越来越多，交互性越来越多。美宝莲如何通过运用新媒体为品牌传播服务？选择只有一个：整合营销。

在美宝莲的POCO网的投票互动平台上，除了可以替视频主角Mabel投票选择男友外，还能欣赏“化妆视频”，体验“恋爱测试”，了解更多美宝莲产品。美宝莲选择POCO网这一Web2.0网站投放，除了看重POCO网用户基数大、流量高，用户层年轻时尚的特性，更是为了避开门户、娱乐、视频网站用户分散，人群广泛，互动度相对低的不足。而这一种基于体验的社区互动，与美宝莲整体市场策略和公关计划相结合，与POCO网的受众利益和兴趣点相结合，成功运用多种新媒体整合的沟通方式连续性地与用户进行互动，并引导用户产生购买行动，同时对品牌、产品及服务产生有效认知。

美宝莲花了最少的钱去整合尽量多的资源，并且通过多种传播方式影响受众，尤其是选用互动性强的新媒体，充分利用整合营销传播的优势，达到了品牌传播效果的最大化和最佳化。当然，我们也不能否认，美宝莲具备任何可以进行“互动营销”的品牌特质：高品质的产品，具有竞争力的功能、质量、价格、完善的渠道、服务等。所以，企业在利用新媒体进行互动营销时，也要根据企业自身的特点进行规划。

9.4 提供参与感，收获忠诚度

在移动互联网时代，用户不再是被动的接受者，相反，他们是自媒体的参与者与主人翁，正是有了他们的活跃度，移动互联网才异常火爆。所以做互联网营销推广就必须重视客户的参与感，没有客户参与，互联网营销就成了一幕凄凉的“独角戏”。

9.4.1 小米为何重视参与感

移动互联网时代，每个智能手机、平板电脑用户都是一位“玩家”，他们不仅希望免费快速地得到优质的讯息，还希望主动参与到信息的制造和分享当中。这就难怪小米的副总黎万强会强调：“参与感是新营销的灵魂。”而小米也正是移动互联网新营销里互动策略的坚定执行者。

先来看黎万强提供的一组数据：“小米的销售渠道有两个，一个是小米网，第二个渠道是运营商的渠道，在这两个渠道里面我们小米网在销售的渠道里面占了70%，运营商的渠道30%，这刚刚好跟很多传统的厂商是相反的。”

有同行好奇于小米是如何凭借自己的营销和渠道做到这个水平的。众所周知，小米走的是粉丝营销路线，其主战场即社交网站等社会化媒体，他们在这些地方又有哪些制胜法宝呢？黎万强对他们的回答是：“三个。第一，参与感；第二，参与感；第三，还是参与感。”

黎万强说：“在做社会化媒体的基础首先要有一个社区——论坛也好，微博也好，微信也好，或者是QQ空间也好——你要做的是在这几个通道里面选择，选择和你的产品特征相符的一个，或者全部。”

9.4.2 让参与感升级为归属感

小米最开始选择的社区品牌运营不是微博，而是论坛。这是因为论坛与小米的产品特征最为贴合。小米的第一个产品是手机超级系统，使用它需要先刷机和破解ROM权限，专业性比较强。这种专业性的东西通过微博很难进行高效的指导，更不能对每个用户的问题进行及时有效的回复。而论坛不一样，在论坛里，用户可以发帖提出自己的疑问，管理人员和其他用户都会参与回答。论坛极大地提高了小米用户的参与感，很多技术小白在论坛混久了也开始主动帮助新来的用户。这种从“请教”到“指导”的转变过程伴随的是无数小米用户渐渐变成米粉。可以说，如今的小米论坛早就是小米数百万米粉的大本营。

发展到今天，在小米论坛上有几个核心的技术板块：资源下载、新手入门、小米学院，后来又增加了生活方式的板块：酷玩帮、随手拍、爆米花等。在这个论坛上，米粉参与调研、产品开发、测试、传播、营销、公关等多个环节。

在小米论坛上，米粉可以决定产品的创新方向和产品功能的增减，为了激发米粉，小米还设立了“爆米花奖”：每周五下午5点被定义为“橙色星期五”，每周都会发布新版本。下一周的周二，小米根据用户提交的体验报告数据，分别评出上周最受欢迎的功能和最烂的功能，以此来决定小米内部的“爆米花奖”。除了线上的互动，小米还有很多线下的活动。小米不仅推出

了针对小米会员的内部杂志《爆米花》，还以小米“同城会”作为纽带，组织众多米粉在现实生活中聚餐、郊游、摘水果，甚至一起去献血……

对此，黎万强十分得意：“我们的论坛注册用户有将近1000万，10万日发帖量，每天有100万的用户参与讨论。100万用户对于做很多垂直类的网站如IT类的网站来讲已是一个很惊人的数字，而且我们不是做媒体的，只是作为一个厂商的产品论坛。”

9.4.3 解放员工，与用户互动

其实，到今天也没有人完全吃透“小米模式”。实际上，用互联网的方式做手机营销，小米的基本策略就是颠覆，将传统做手机的每一个环节都重新定义和更新。比如，传统的方式制造手机是聘请顶尖技术人员闭门做研发，小米则是邀请米粉参与到产品的设计与研发当中；传统的方式卖手机仅仅是给用户使用，小米卖手机是和米粉一起玩手机；别人只是在纯粹地卖产品，小米卖的还有参与感；别人花巨额资金请明星做广告，而小米则用米粉开创了互联网的新营销方式；很多公司不允许员工上班时间泡论坛、玩微博，而小米则鼓励“全员解放”，鼓励所有员工泡在网上，与米粉直接接触，将内部评价转移到外部评价……

虽然小米将粉丝经济做得风生水起，但这并不意味着粉丝经济是小米唯一的经济模式。引领小米模式走向成功的关键环节，还有对核心用户的经营，对小米品牌的塑造，其中最核心的正是在产业成型初期对用户的参与、归属需求的有效解决。

其实，营造用户的参与感并非小米的独创，也不见得需要大手笔、多人手的投入，它最核心的东西是企业本身对用户的重视程度。因为参与感不是单纯形式化的互动，企业在产品环节、产品改进环节以及营销环节都要试图把用户拉进来，用他们的想法快速改进，或者至少让用户觉得你做出了努力，也就是让他们觉得自己的参与产生了有益的价值。

9.5 先帮顾客算账，企业才有进账

顾客在购买产品时，总希望把有关成本包括货币、时间、精神和体力等降到最低限度，而同时又希望从中获得更多的实际利益，以使自己的需要得到最大限度的满足。而作为商家，想要实现营销的目的，首先就要满足客户的心理需求才能更顺利地实现营销。否则，如果企业只盯着自己的利益点不肯做出让步，客户心理得不到满足很有可能就会转向其他商户。所以对商户来说，要先帮客户算账，自己才能有所进账。

9.5.1 满足用户“价值最大化”需求

营销学上有个概念叫“顾客让渡价值”，其定义为：企业转移的、顾客感受到的实际价值。它一般表现为顾客购买总价值与顾客购买总成本之间的差额，这是企业与顾客一项潜在互动，在整个顾客让渡价值实现的过程中，企业需要通过各种服务和努力尽量优化顾客购物的心理体验。提出这个概念的是营销大师科特勒，他进一步解释道：“顾客总价值是顾客购买某一特定产品或服务所获得的全部利益，它包括产品价值、服务价值、人员价值和形象价值等四个方面。顾客总成本是顾客在评估、获得和使用该产品或服务时所引起的预计费用，它包括货币成本、时间成本、精力成本和体力成本等四个方面。”

在一定的搜寻成本和有限的知识、灵活性和收入等因素的限定下，顾客是价值最大化的追求者。所以顾客会形成一种价值期望，并根据它做出行动反应。顾客总是会去那些他们认为能够提供最高的顾客让渡价值的公司或组织中购买服务或商品。

换句话说，顾客在购买产品时，总希望把有关成本包括货币、时间、精神和体力等降到最低限度，而同时又希望从中获得更多的实际利益，以使自己的需要得到最大限度的满足。因此，顾客在选购产品时，往往会将价值与成本两个方面进行比较分析，从中选择出价值最高、成本最低，即“顾客让渡价值”最大的产品作为优先选购的对象。在传统行业中，深圳岁宝的成功就是源于对顾客让渡价值的深刻理解和重视。

深圳岁宝百货有限公司作为深圳较早的本土大型综合性连锁商业企业，从1996年创建第一家百货商场起，在短短12年的发展中以稳健的姿态持续发展，并且创下了许多令业界争相模仿的商业模式，同时也取得了不俗的业绩。岁宝百货自成立之后，很快就成为了深圳零售业界著名的品牌企业。

岁宝首先从服务方面入手，在公司内部从零售商业的立场深化了“全心全意为人民服务”的服务宗旨，并落实到每个细节。他们向社会做出了“提供即买即安装、预约托购外埠商品服务”“各分店实行通换通退”等28条日后其他商业零售企业争相效仿的便民措施承诺。其次，岁宝百货在员工中大力倡导“知识服务”，即员工为顾客服务时，应以丰富的专业知识提供“专家型”“顾问型”的服务。为实现知识服务，提高员工的知识水平和综合素质，避免出现不能适时提供服务、商品知识不丰富、不熟悉商场布局及商品分类和需要时不能提供专业意见等现象。上述措施一方面使顾客得到的服务价值提高了，另一方面，周到贴心的服务，让顾客购物所付出的时间、精力、体力成本也相应下降了。

岁宝在提高顾客让渡价值方面做出了长期不懈的努力，构建了提高顾客让渡价值的营销机制，提高了顾客满意度，经过十几年的拓展，不但积累了一批稳定的高忠诚度顾客群，还使得这一群体不断地扩大，企业的商业价值也相应地得到了不断的累积和提升。

9.5.2 综合“顾客让渡价值”各要素

顾客让渡价值理论不仅适用于传统营销，也适用于移动互联网营销。在移动互联网消费的顾客也会产生消费总价值和总成本。这个总价值包括产品价值、服务价值、人员价值和形象价值。总成本则包括时间、精神、体力和所支付的货币。移动互联网在为顾客比较和评估不同企业的顾客让渡价值高低提供便利的同时，进一步加大了企业的营销难度。企业为了在竞争中战胜对手，吸引更多的潜在顾客，就必须在移动互联网一端向顾客提供比竞争对手具有更多“顾客让渡价值”的产品。

与线下传统消费相比，移动互联网顾客从产生需求到寻找相关信息到进行筛选再到决定购买并支付的过程是极其迅速的，从这点来说，其总成本要比线下购买低得多，但同样是在移动互联网上进行营销的企业，如何比线上对手提供更大的顾客让渡价值呢？

顾客让渡价值的各个构成因素都是相关联的，牵一发动全身，任何一个小环节的短板，都有可能造成顾客在进行筛选评估时瞬间忽略你的品牌。因此，产品价值、服务价值、人员价值和形象价值都是企业不能忽视的。产品价值顾名思义，指的是顾客所购买的产品的功能、品质等方面的价值，这是顾客选择购买产品的首要因素，需要重点包装；服务价值是在网上虚拟交易达成后，企业为客户提供的配送、安装、修理等方面的价值。随着消费观念的提升，越来越多的顾客开始挑剔企业所提供的服务价值。如果能够全面优质地提升企业的售后服务水平，那将极大地增加整个总价值；人员价值是企业员工所产生的价值，这种价值不仅由客服的态度决定，也与企业行政人员的工作效率、各工作人员对企业文化的展示等因素相关，顾客总是更信赖专业、负责、有效率的团队；形象价值则是企业在移动互联网上塑造的形象所产生的价值，苹果公司将自己的形象塑造成品质与创意的代名词，这就为其品牌提供了不小的形象价值。

学会综合考虑这些因素之间的关系，突出重点，提升短板，优化资源配置，企业才能在这场营销战争中赢得胜利。需要注意的是，不同顾客对产品价值和服务价值的预期是不同的，还有一部分激情消费并不在乎总价值，而是仅仅关心总成本，即时间、精神、体力和货币成本。对不同的顾客群体应制定不同的营销策略，提供不同的顾客让渡价值。例如，对于那些工作繁忙但资金宽裕的高级白领来说，他们更在意总价值里的服务价值、形象价值和总成本里的时间成本与精力成本，而对货币成本就不那么重视，企业在对他们进行广告设计或信息推送时就应突出“专业、效率、贴心”的优质服务以及“时尚、个性”的品牌形象。而对时间宽裕、资金紧张的顾客来说，他们可能会更倾向于那些参数介绍具体、突出性价比的产品广告。

人都是理性的，也都是自利的。要想做到“以顾客为上帝”，就必须要充分认识并满足顾客的让渡价值。

第10章

人气策略：得人气者得天下

谈起互联网营销，就不能不提“人气”。就好比普通的地面营销，有了店面如果没有围观，就招不来客户一样，对于互联网营销来讲，人气就是营销的底气。所以做互联网营销推广人气策略不能少，有人气才能出业绩。

10.1 让用户尖叫，超预期才有高人气

人气的基础是话题，一个能吸引眼球的话题就能带来不小的人气。当然，话题本身是否吸引吸引眼球，还得看它是否真的超出了人们的心理预期。先来看一个案例。

2010年8月10日，国家体育总局宣布，东风雪铁龙在未来三年中将成为中国羽毛球队、中国羽毛球协会的高级赞助商。在这个以“创新驭未来”为合作理念的签约仪式上，国家体育总局副局长蔡振华先生欣慰地说：“我的队员以后都有车坐了。”

紧接着，东风雪铁龙用中国羽毛球的一哥林丹做起了文章。林丹，一个再熟悉不过的名字，你能试着想象去挑战他吗？能想到与他直接对话吗？9月17日成都车展，东风雪铁龙通过在腾讯微博上举办了“挑战林丹”的话题活动，赢得了极高的关注度。

“能和丹哥对垒，哪怕被打趴也会勇敢站起来”“世嘉！世嘉！亲一下！”……车展现场和全国各地的网友们通过腾讯微博话题“挑战林丹”表达着他们的祝福与感动。而东风雪铁龙则成功地将“上墙”概念引入车展，开启国内汽车行业首例微博营销的先河。

随着活动的不断深入，东风雪铁龙在腾讯的官方微博听众数量也大幅增加，之后通过与网友的及时互动东风雪铁龙很好地增进了品牌的美誉度。

有机会“挑战林丹”明显是一个超出人们心理预期很多，又梦寐以求的场景，所以它瞬间就抢夺了大量的舆论注意，帮东风雪铁龙积累了超高人气。那在移动互联网营销过程中，如何借鉴这种模式，进行企业的人气积累呢？

车展现场“挑战林丹”微博上墙关注度极高

10.1.1 宣传服务要“示弱”

2009年，亚马逊花8.47亿美元收购了美国一家卖鞋网站ZAppos，这家网站为什么值这么多钱呢？原来，它最大的营销利器就是很会调整用户的预期，让用户不断地发出惊叹。例如，他们承诺用户，交易成功之后，鞋子会在4天送达，但是实际上用户在隔天就能收到鞋子。并且，在这家网站买鞋的用户还能享受一项特权：买一双鞋可以试用3双鞋，然后将不合适的寄回来——当然这是免费的。而这些都是史无前例的。

这家网站的聪明之处在于并不直接宣传自己能在两天之内将鞋子送到的服务能力，而是告诉用户需要等待4天，所以“提前”收到鞋子的用户同时还收到了一份超出预期的惊喜。

的确，口碑好不好，并不单纯在于产品的品质怎么样，而在于用户的预期有多高——口碑和人气的真谛就是超越用户的期望值。

与之相反的一个例子是迪拜帆船酒店。大家都知道迪拜的帆船酒店是全世界最好最豪华的酒店，但有些人在住过迪拜酒店后却大失所望。他们在心中产生了一个大大的问号：这就是传说中全球最好的酒店？这就是排名全球数一数二的酒店？为什么去了帆船酒店的感觉甚至比去海底捞火锅店还要糟糕？但是，海底捞真的比帆船酒店好吗？这其实是因为人们对帆船酒店和海底捞的期望不一样。因为海底捞的地理位置都很一般，人们不会对它抱太高的希望，但是帆船酒店是全世界数一数二的酒店，那里应该让人有超乎寻常的体验。正是因为带着这样的期望，所以人们就很难满足。这或许就是人们常说的希望越大，失望越大。

10.1.2 低预期，高惊喜

所以，企业在做营销时要尽量规避给用户提供过高的预期，否则很容易产生这种“希望越大，失望越大”的结果。或者，至少在宣传的时候不要一次亮出所有底牌，这样再正式发布产品的时候才有惊艳的效果，为新产品迅速集聚超高人气。

当然，“低预期、高惊喜”策略之所以能否成功，除了宣传上的低调和保留之外，产品本身的高品质也是很重要的。仍然以小米为例，在产品思维上，雷军一直用两点极致的标准来衡量小米的行为：第一是用户会不会为小米的产品尖叫；第二是用户会不会真心地把小米的产品推荐给朋友。因此，在产品方面，雷军一方面通过精益求精，以及“顶配”“首发”“低价”这样的词语来不断引发用户的尖叫，另一方面通过超越用户预期的服务来赢取口碑。

比如，小米到目前为止发布了3代手机，每一代在当时都是业界的最高配置，即“抢首发”的策略。因为首发，用户会为能够拥有这样一部手机而感到满足，甚至是可以用来炫耀的。小米1采用的是国内首家双核1.5G芯片，定价只有1999元的中档价位，性价比超出消费者的预期。小米手机因此一炮打响，制造了“用户尖叫”的效应，供不应求。

之后，小米2打的是发烧级四核高性能芯片，首款28纳米芯片，并在当时主流机器的内存在都是1G的时候，小米2将内存标准提升到2G。作为当时的“最高配置”，价格依然是1999元的中档价位。小米营造的这种“尖叫”慢慢形成一种惯性，以至于后来的红米、小米3、小米机顶盒、小米电视等新品都形成供不应求的火爆局面。

	三星GALAXY S3	小米手机2
尺寸	136.6 x 70.6 x 8.6mm	126 x 62 x 10.2mm
屏幕	4.8吋720p HD Super AMOLED	4.3吋720p IPS
网络	WCDMA/GSM	WCDMA/GSM
CPU	四核1.4GHz Exynos 4412	四核1.5GHz 高通APQ8064
GPU	Mali-400 MP	Adreno 320
内存	1GB	2GB
容量	16GB/32GB 最高可扩展到64GB	16GB
系统	Android4.0 TouchWiz UX	Android4.1 MIUI
拍照	后：800万 前：190万	后：800万 前：200万
电池	2100mAh	2000mAh

雷军坚信，在今天浮躁的移动互联网世界里，如果你想做成点事，最好静悄悄地低调去做，做出超出用户预期的东西。如果你做了很多广告吹嘘产品，把用户的胃口吊得很高，而产品达不到预期，最后用户一定会失望的。于是，在小米科技创办的时候，雷军做了不少保密工作。刚刚开始组建团队时，雷军每见一个人，最后说的一句话都是："这件事情暂时保密！严格保密！"当几十个人将第一款产品做出来之后，他并没有按套路出牌去打广告，而是带头领着一堆人在几个论坛里发了几张帖子。此时，谁也不知道那个产品是软件领域的元老做出来的，一时间，很多人都觉得这软件做得真好，最后竟然形成了庞大的"米粉"队伍。单单靠着口口相传的力量，这款产品很快就传到了全世界，甚至还有一个美国博客站提名让雷军团队做年度产品。

小米所做的这一切都远远超出用户的预期，他们很乐意将这些事情和身边的人分享，从而使"米粉"的队伍不断壮大。这样的推广手法，不光节省了小米手机市场营销的费用，还使小米团队看出产品对于用户真正的吸引力所在。"在互联网上，刚刚开始时最重要的不是大规模地做广告，而是做好搜索引擎优化和病毒式营销，尽量压下用户的预期值，专心做好产品，最终让产品说话。"雷军曾这样总结。

10.2 UC浏览器：组合营销联动超强人气

说到移动互联网，人们最先想到的一定是手机浏览器。在没有如今这么多的手机应用之前，浏览器是通过手机上网冲浪的唯一端口。2004年，两个年轻人发明了UCweb浏览器，从而开创了中国移动互联网浏览器的先河。UCweb是You Can Web的缩写，寓意“你可以随时随地访问互联网”。公众版本一经问世，立即受到用户的广泛欢迎，在没有任何推广的情况下，第一个月就有了5000注册用户。

截至2012年12月，UC浏览器在全球共有4亿用户，其中海外用户超过1亿，UC优视在美国硅谷和印度新德里都设有运营中心。而在安卓平台，UC浏览器用户同样超过1亿，是安卓平台用户量最大的第三方浏览器。2013年，百度有意出价10亿美元收购UC优视，而腾讯也不甘寂寞，表示愿意收购UC优视，加上之前阿里巴巴的战略投资，互联网大佬们抢占移动互联网高地的野心昭然若揭。

10.2.1 UCweb双十一营销组合拳

由此，我们可以看出，作为移动互联网的战略要塞之一，UCweb已经成了诸多大企业进行战略布局的重点。我们不禁要问：UCweb是如何发展到今天这个规模的？它的成功经验能不能给我们带来一些启示？

以2013年11月11号的光棍节为例，那天微博里最热门的话题就是“淘宝双十一”和“光棍节”了，与往年只有各大电商彼此鏖战的战事不同，那年各大浏览器也伺机加入了这场推广营销战争。其中手机占有率最高的UCweb

也加入其中，并用热门视频、手机桌面、微博悬赏和光棍节表白闪屏等方式，进行了一场声势浩大的组合营销。

首先，UCweb迎合光棍节和双十一购物这两个热点，有针对性地推出热门视频《唐伯虎的脱光口技》，该视频其实是UCweb推出的比价插件的广告，但因为文案有趣，配音也很传神，加上UCweb的强推，所以很快便获得了惊人的转发量。

接下来，UCweb再接再厉，发出一张《手机桌面的电商大战》的GIF动图，该图利用用户对电商在双十一铺天盖地宣传的疲劳心理，结合UC浏览器比价插件功能，最后以铁道部火车票降价5毛作为吐槽点，再次获得极高的转发量。

虽然大家一看就知道这些视频、动图都是UCweb推广其比价插件的营销手段，但由于既有创意又有趣味，因此用户并不排斥。当然，仅靠创意是不够的，移动互联网时代，技术一直在变，人性却没变多少，因此，UCweb在微博举办了“10万寻找良心降价商品”的微博活动，用重金赚人气。在10万元奖金的刺激下，该活动很快达到了600多万的曝光量。

除了在自家平台进行宣传，这次UCweb还联合1号店、唯品会、亚马逊、京东等多家电商，利用他们的渠道增加其比价插件的曝光度。除了电商，UCweb还开创性地与湖南卫视《越淘越开心》节目进行了跨界合作，在节目中进行了UCweb比价插件的口播。这次跨界合作也让大家看到了移动互联网企业的野心和实力。多渠道的推广带来的是巨大的影响力，UCweb比价插件也因此一炮而红。

10.2.2 UCweb组合营销案例启示

通过对UCweb的这次营销活动分析，我们发现它有以下几点值得大家学习。

一、强调创意、突出趣味

移动互联网时代是优质内容的时代，用户不会为无趣、无新意的东西浪费时间。因此，任何营销活动都应以最有创意、最有趣味的内容为载体。UCweb这次营销活动的初期推出的视频和动图既在内容上符合广大移动互联网用户的生活经验和吐槽需求，也在创意和趣味上抓住了他们的审美经验和心理需求。这种准确的定位，新颖有趣的呈现方式使得用户即使知道这是UCweb做的广告，也依然乐于传播。这正是移动互联网营销的重要原则：给用户需要的内容，他们就会给你想要的效果。

著名汉堡品牌汉堡王算是创意营销的代表了，它曾在Facebook上进行过一次别出心裁的“删好友，得皇堡”活动：活动很简单，用户只需要在自己的Facebook上安装一个App，删除十个好友，就能得到一个免费的汉堡。而那些被你删除的朋友则会被公开在你的Facebook新鲜事里，让每个人都知道。所以这个活动也被称作：“皇堡的牺牲”。这个活动凭借强大的创意，另类的思路，在没有做任何营销的背景下，单靠网友热议就轻轻松松送出了2万多个汉堡，也就是说，有2万多人愿意为了汉堡王的免费汉堡而删除10个好友。这次营销在为汉堡王积累大量人气的同时，也在消费者当中树立了这样一个概念：汉堡王值得你的付出！这种品牌效应才是汉堡王真正在意的。

二、多渠道联合、跨界合作

在上述的营销活动中，UCweb不仅在内容打出了一套“组合拳”，在渠道上也整合了各种资源，它结合客户端、社交媒体、论坛以及合作电商等多个渠道的资源，进行了整合式营销。亚马逊、京东著名企业的帮助使得UCweb比价插件的影响力一下子扩大很多。除此之外，UCweb还和惠惠合作推出双十一购物报告，和如意淘合作开展微博活动等等。这一系列线上动作都充分表明了UCweb对这次营销活动的重视。

同时，UCweb这次还将营销重点放在了传统主流媒体上，跨界合作，在电视节目中进行推广。这种措施可以进一步强化移动互联网用户对其品牌和产品的信任。这就像一些火了一整年的明星必须在年底上一次春晚才能真正证明自己的地位和人气一样。虽然移动互联网的发展昭示着科技与未来，但很多移动互联网产品多是赔本赚吆喝，对用户来说，虽然经常使用某些移动互联网产品，但在心理上却始终认为这些都是“小玩意”，上不得台面。UCweb就是要通过这次跨界合作来向用户证明：移动互联网时代已经到来，移动互联网产品有能力站上更大的舞台。

三、适时推出、借势营销

每年的“双11”对互联网用户来说都是一次狂欢，甚至很多不经常上网的人也会在这一天上网逛逛，看看有什么实惠的促销产品。所以，虽然每年的“双11”电商大战都免不了遭众人吐槽，但这不妨碍每年“双11”巨大的交易额。以2013年的“双11”为例，仅天猫就达成了350多亿的交易额。这表明用户的购买力巨大，其购买欲望尚未饱和。在这种大前提下，UCweb适时推出自己的比价插件，帮助用户更方便准确地挑选性价比最好的促销商品，既顺应了消费者开始在移动端购物的潮流，也通过往年电商在“双11”假降价的负面形象突出了自己用比价来提供真实优惠的正面形象。这种营销策略旨在借力打力，只要运用得当，很容易以小投入换来大回报。UCweb比价插件的成功证明了这一点。

10.3 人气新玩法：金牌客户与达人模式

有“营销之神”之称的史玉柱曾说过：“我一直认为，营销学书上的那些东西都是不可信的，和他们想法相反的，倒可以试一下。营销学诞生于20世纪初的美国，是当时美国几大广播公司搞出来的，目的就是为了让企业投放广告。最好的营销老师就是消费者。”史玉柱在脑白金、巨人网络上取得的成功正是认真实践这句话的结果。

的确，消费者才是天底下最好，也最慷慨的老师。摸清“老师”秉性的企业，总是被老师厚待，并回报以丰厚的利润，反之，只能被老师拒之门外。那这位“老师”都有哪些值得企业学习和研究的秉性呢？

“崇尚权威，笃信专家”就是其中之一。

10.3.1 大企业新玩法：代言人变客户

由于大部分顾客“崇尚权威，笃信专家”，所以使用明星宣传是企业常见的营销策略，但如何将明星的价值发挥到最大，就看你对他们的定位了。移动互联网时代，用户更加喜欢亲近、平易的明星，而不是高高在上的。所以，明星在广告中的身份也往往从“代言人”摇身一变成了“金牌客户”。

在传统营销过程中，要想牢牢吸引住某个特定群体，很典型的一招就是

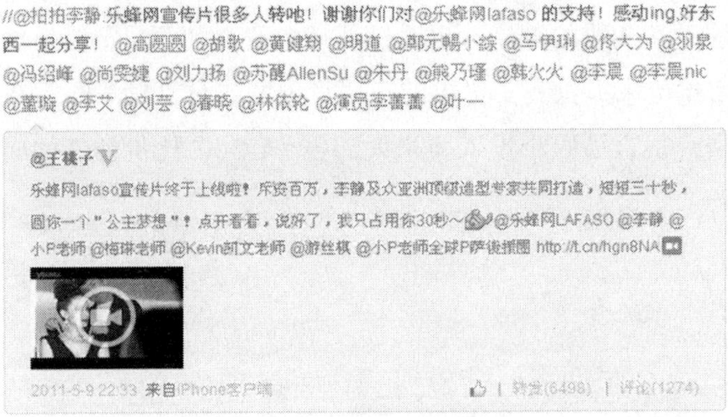

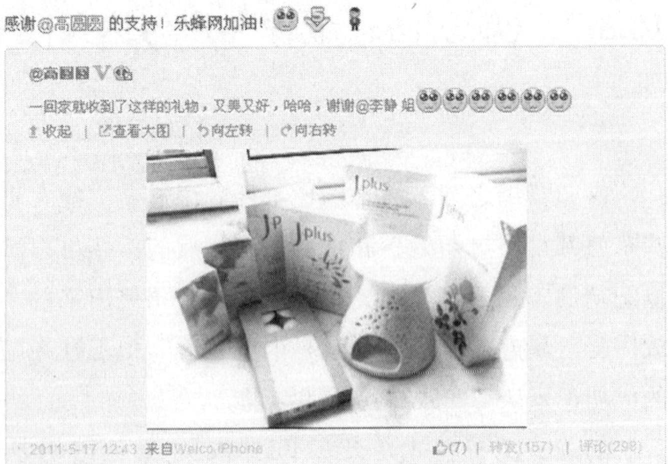

抓住其中的金牌客户。而现在，很多平台都开始运用这样的策略，其中最典型的就是“乐蜂网”。

“乐蜂网”的营销微博发布后几天内，包括佟大为、羽泉、李晨、高圆圆等百余位名明星就转发了该微博，有的还会附上自己的产品使用经验。这种传播效果是惊人的。粗略估计，这些名人微博所涉及的粉丝数量和转发量要超过一亿人次，这就是移动互联网时代的新型金牌客户所具备的威力。

金牌客户往往能形成“达人模式”，所谓达人，不仅是明星。仍以“乐蜂网”为例，除了明星，它还有诸多来自于时尚界和美容界的专家进驻，他们用自己的专业意见给女性提供时尚解决方案。所以，“乐蜂网”聚拢了国内几乎最有影响力的一群“达人资源”。有时候，这种达人资源比明星的推广更能带来人气。达人推荐渐渐成为了“乐蜂网”上用户最为追捧的话题，他们的推荐也最受用户信赖，这一模式产生的结果自然是提高了用户多次购买的比例，并吸引更多的用户加入其中。

10.3.2 小企业新策略：善用草根大号

对于一些缺乏明星资源的中小企业来说，如何发挥明星效应，如何采用达人模式呢？以微博为例，由于微博用户可以主动接收信息，所以微博用户发布的微博可以被人看到，若听众够多，就可以形成有效的大范围直接传播。如果我有10000个听众，那么我发一条微博就有可能被10000个人看到。一条微博的传播效果，就相当于在20个最高级的QQ群里的传播效果！

根据“250定律”：每一个位顾客身后，通常有250名亲朋好友。如果你赢得了一位顾客的好感，那么就意味着你赢得了250个人的好感；反之，如果你得罪了一位顾客，那么也就意味着你得罪了250个人。250定律加上微博粉丝的庞大基数，将是一个难以估计的传播效应。

因此，中小企业不需要去寻找明星和专家，而只需要寻找一些粉丝活跃度高的“草根大号”，在其最优质的，传播最广的微博中植入软广告就行。

从微博这个产品形态刚刚诞生之日起，市场对社会化营销的理解和需求首先集中在快速的信息扩散上。作为扩散节点的“草根大号”，很快便成为满足这一需求的最佳选择。而这些草根大号在社交网络上内容贫乏的初期也有着得天独厚的成长空间，草根大号的创建者被媒体追捧为一种新兴商业模式的创业者。因此，在当时很多企业对社会化营销的理解就是，买大号转发。举个例子来说，早期的某大型电商平台，每次做活动所购买的大号数量数以千计，月均购买大号的金额在百万元级别。因此市场上也相应出现了大号转发的广告交易平台，月流水额高峰期过亿。

大号转发的模式使得许多中小企业的知名度不断攀升，其产品销量也不断提高。当然，如今这种模式对移动互联网用户来说也有点审美疲劳了。他们每天要在移动互联网上浏览海量的碎片化的信息，也许每天他们都有机会浏览超过10个他关注的草根大号发布的软广告，这种高密度的轰炸会使得他们对这种广告的关注度不断降低。不过这种营销模式本身的运用前景还是很广泛的，只是企业需要注意对宣传内容进行不断优化。

以微博草根大号“天才小熊猫”为例，他经常发布一些十分有趣的图文故事，里面多是一些吐槽和调侃，由于文风诙谐、图片搞笑，其转发量一般都要破万。不过细心的网友可能发现，他的图文故事里往往都会出现一些极其隐蔽的“软广告”，或者是一款新品手机，或者是一款新品电脑。但它们多是以被吐槽的方式出现的，因此绝大部分粉丝并不在意，都会乐呵呵地进行转发。

类似的例子还有很多，有的你甚至压根没想到这是广告。这也正是这些广告的成功之处。

无论如何，移动互联网时代是优质内容的时代，明星也好，达人也好，草根大号也罢，都只是积累人气的渠道，企业真正需要关心的还是如何为用户生产最优质的内容。

10.4 饥饿效应：不要把产品一次全拿出来

“饥饿营销”，是指商品提供者有意调低产量，以期达到调控供求关系、制造供不应求的“假象”、维持商品较高售价和利润率，同时达到维护品牌形象、提高产品附加值的目的。前面已经提到过利用饥饿营销来引起关注与口碑传播效应的案例，这里就用一个更详细的例子来讲解饥饿营销在移动互联网营销人气策略中的成熟运用。

10.4.1 抢首发+期货模式

中国饥饿营销的代表是小米无疑。外界对小米为什么能取得如今的成功充满了好奇，雷军却用最简单的语言告诉我们小米是如何获得成功的。小米能够在短时间内获得成功，除了产品质量过硬之外，营销的成功也是一个非常重要的因素。那么，小米都使用了哪些营销方式呢？

小米最初在网上搞“抢首发”时，有些分析人士说，雷军的做法其实就是在搞金融投机商的做法。雷军卖的是一种稀缺的概念，玩的是期货模式。可是，稀缺和期货，这也不是什么新鲜的东西。到现在，连雷军本人也不再避讳外界的这种观点，他甚至确认了：小米之所以能够在短时间内获得巨大的成功还因为一点，就是小米采用了“抢首发+期货模式”的销售形式。

所谓抢首发，就是企业要率先制作出硬件和软件都是最新，技术也最先进的产品来。高端的产品想做世界级的首发是件很难的事情，没有过硬的技术是做不了的。比如小米2全球首家采用高通APQ8064四核1.5GHz处理器，Adreno320图形处理器，4.3英寸IPS超高PPI精度视网膜屏，2G运行内存，16G储存空间，并且拥有全新一代背照式800万像素CMOS摄像头。从小米2的首发就不难看出，只有采用这些全球最好的硬件，顶级的配置，才能算是真正的全球首发，也才能打动消费者。

当然，也有些人抱怨“期货模式”，主要是因为大量想买小米手机的人在网上预约时排不上队，认为这是雷军的营销策略，所以心中不满。这里说是期货模式，只怕有指责的意思。不过小米的期货模式却非有意为之，而是因为手机行业都是这样，最新款在初期1～2个月上不了量，但一样要发布，这是硬件的规律，都需要一个爬坡的过程。而小米的硬件从全球采购，生产却是富士康和英华达代工，很多环节小米并不能控制。不过小米公司会尽量去缩短这个时间表。另外小米被认为是期货模式，还有一个原因就是小米在有意减少库存的压力，因此订货量也一直较为保守。每次网上预约发售的时候，总是10～30万部左右，卖完了才考虑下一批预约发售的情况。

抢首发是因为小米有技术优势，而期货模式则是小米前期发展迅速但产能略有不足的被动选择。令人意外的是，这两种情况结合在一起，却无意中成全了小米“饥饿营销”的营销模式。所以说，小米的饥饿营销既有产量限制的原因，也有其有意策划的一面。

10.4.2 买不到当然是好东西

如果说2010年小米1上市的时候，不了解市场，不敢多生产尚且情有可原。但是都卖了一年的手机，销售出300多万台却还把握不住销量就让人有些奇怪了。所以，小米的销售策略只能是有意为之。虽说通过期货模式，等到硬件降价之后才加大销售可以获取更多利润，但是如果新品推出势头正猛的时候不去销售，非让客户死等，难道不怕客户转而去买别的品牌的手机，鸡飞蛋打？

所以，这个“饥饿营销”一定要把握合适的度。“饥饿营销”的本质是拉伸了产品的生命周期，但是如何拉长也需要掌握一定的策略。

小米1上市到小米2上市中间隔了一年时间，如果照这个研发趋势，那么小米3的上市至少也要一年时间，这一年的时间要“规划着用”。雷军通过对产品定位，人群分析，以及对米粉数量等数据的了解，完全可以预估出小米2能销售出的数量。比如说，这个数字是700万台，他完全可以一次下订单让厂家生产，然后敞开销售，卖完即止。但问题是这样的话，那么除了在开始的第一个月会有一个抢购的高峰，后面2～3个月销售比较热之外，后面的销售会趋于平稳。而市场上每天都有新的智能手机诞生，性能可能比小米更好，价格也更低，这样在一年的剩下几个月中，小米2将失去市场的关注，销量也会逐渐下降。那么等新的小米3生产出来，小米又需要重新开始下一年度的宣传，这样小米就会和中华酷联一样，慢慢流于平庸。

而通过“饥饿营销”的方式，隔一段时间集中预售一次，虽然仍是700万台的产量，却总让人感觉供不应求。顾客的心理是，买不到的东西、人人都抢的东西才是好东西，所以小米2反倒因为买不到而在顾客心中越显得贵重。

这其中需要把握的就是这个间隔，间隔短了起不到效果，而且也吊不起顾客的胃口；间隔长了顾客就不愿意等了。在间隔的这段时间里，宣传要跟上，让顾客随时能了解最新的进展，这样顾客才会一直等下去。小米产品一直在卖，一直供不应求，所以小米的宣传推广就可以围绕产品一直做下去，而供不应求本身就是值得炒作的话题，这样小米的品牌关注度就会一直居高不下。

最后一点就是，饥饿营销要有一个结束点。拉长产品的生命周期是对的，但是不可能无限长，当一个产品通过饥饿营销销售到一定阶段的时候，必须有后续的产品能够接上，这样才能顺利地转移需求。

人们在谈论小米的“饥饿营销”时有支持的，有反对的，但是对于雷军来说，“饥饿营销”是小米在这个阶段最合适的营销策略。小米从来不在媒体上做广告，其关注度却不在三星和苹果之下，俨然成了国产手机之中最著名的品牌，也是单品销量最高的品牌，而“饥饿营销”在小米的崛起中无疑起到了关键作用。

10.5 专注产品：逼疯自己，才能逼死对手

移动互联网时代，没有营销意识的企业终将被市场淘汰。但另一方面，过于关注营销，而忽略产品品质的企业也不无法长久立足。不管在什么时代，好的品牌都不是喊出来的，而是通过一件又一件优质产品积累、沉淀出来的。正如海尔集团强调的：“质量是产品的生命，信誉是企业的灵魂。产品合格不是标准，用户满意才是目的。”这样的说辞虽然略显官方，却诚实地道出了企业立足之本和营销之基。

很显然，企业的一切生产经营活动都是围绕着产品进行的，即通过及时、有效地提供消费者所需要的产品来实现企业的发展目标。从这个意义上

讲，企业成功与发展的关键在于产品满足消费者需求的程度以及产品策略的正确与否。实质上，也可以说产品决策就是实施营销策略的战略工具。所以说，产品和营销的关系就是1和0的关系。包装也好，广告也好，你的营销和推广都是跟在产品这个“1”后面的“0”。没有好产品，一切营销都将无从谈起。

以最擅长做移动互联网营销的小米公司为例，虽然业内热炒它的粉丝营销模式，但大家都忽略了一点，那就是小米的营销是建立在小米产品的超高性价比以及良好的用户体验上的。在小米公司内部，做营销策划的都是产品经理出身，而且多是优秀的产品经理。很多策划部的人还坚持在一线做产品和设计，就是为了始终以产品为导向进行相关营销策划。

下面我们就来看看小米是怎么将产品做到极致并以此为营销起点的。

10.5.1 让用户尖叫的性价比

移动互联网发展迅速，智能手机的更新换代也十分快，这在满足消费者尝新需求的同时也给他们带来了一个问题，那就是购买力不足。智能手机动辄3千向上，苹果新品上市时更是一直保持着4～5千的高昂售价。广大消费者需要高配置低价格的智能手机，谁能做到这一点，即使没有营销，都会取得成功。

小米诞生之前，国内的手机市场有两种生态，一种是高价格高性能，比如苹果手机以及后来的三星；一种是低价格低性能，比如以中华酷联为代表的国产智能手机。小米要想走“高性能、低价格”路线，就必须有所突破。雷军的选择是颠覆商业模式，即不靠硬件赚钱，以成本价零售手机。这就意味着小米将原来四五千元配置的手机价格降到2000块钱以内。

雷军最早在给小米手机定价的时候，曾经想把价格定在1499元，甚至是999元。但在核算各种成本之后，还是“无奈”地将价格定在了1999元。然而，即便是这一价格，还是让人们惊呼小米手机的性价比之高。雷军强调：

“小米并非想靠硬件赢利，只是为了硬件、软件更完美地无缝契合，为用户提供更流畅极致的内容、服务，提升用户的手机端移动互联网体验。”

其实，手机行业的发展已经非常成熟。手机硬件采购，从芯片到屏幕，甚至摄像头，每一个产品的价格都是透明的。小米作为一个外来户，为了实现高性能与低价格的结合，采用了两个办法，第一是手机不赚钱，将来通过附件和周边产品赚取利润；第二是通过网络以电子商务的形式销售，减少门店和渠道的成本。

传统手机的售价，除了受生产成本影响外，还包含渠道、门店成本，这些最终都转嫁到用户身上，从而导致智能手机的价格一直居高不下。小米现在不仅实现了完全在互联网上销售手机，最大规模地减少中间的渠道成本，大大降低了价格门槛，还通过手机先占据了移动互联网的入口，接下来小米要做的就是通过进一步完善布局，通过服务来赢利。

10.5.2 为用户体验逼疯自己

像乔布斯一样，程序员出身的雷军也是一个完美主义者。在做事方面，雷军的要求很高，他觉得做一件事情就要做到极致，做到自己能力的极限，细化到最后，也就变成雷军口中的“同仁堂精神”：永远坚持真材实料，做好每一件事。

小米MIUI系统壁纸的甄选过程就是一个很好的例子。

可能很多人会认为，找一张最好看的壁纸是一件再简单不过的事。但是，仅仅做这样一件小事，小米团队就看了接近100万张照片，甚至还开发了一个软件，专门用来挑选最满意的壁纸。最后他们发现，找到一张好壁纸实在很不容易，因为小米对壁纸的要求是：要放到锁屏里面好看，放到壁纸里跟图表不打架，还要有意义、有细节，至少要90%人喜欢，不会有人反对、反感。于是，2012年7月，小米团队以10万人民币发动广大群众为小米征集壁纸，最后小米征集了45000张可以说是十分精美的图片。团队加班加点从中挑310张，可雷军看完后都不满意。后来雷军又逼着小米所有的设计师去画壁纸，8个月的时间里，设计师们画出5张堪称完美的壁纸，但它们并不符合雷军的完美要求。因此，雷军不得已继续征集，并声明：如果谁能做出比这5张壁纸更好的图片，小米承诺100万人民币买一张壁纸。

还有就是小米的产品种类。很多人都会产生这样一个想法：公司出的产品越多，就越能满足人的需求，传播得也会更快。雷军则认为款型太多反而分散了用户的注意力，而且这样的公司很难做出真正的高端产品。雷军说："到现在为止，苹果只做了两款产品，一个是iPhone，另一个是iPad，iPhone和iPad整整占据了苹果75%的营业收入。iPhone这些年来不过推出了5款手机，就连颜色也十分单一，但是苹果成了世界上最贵的公司。"雷军从没有动摇过自己专注于一款手机的决心，他和小米团队将所有精力都集中在一款手机的完善上。还有人建议雷军学苹果，做一款米Pad。但是，雷军认为，做米Pad需要大量的投入，还不一定能和iPad竞争，这是一件吃力不讨好的事情。他还是坚持自己的理念：集中所有资源，专注做好小米手机，提高用户体验。

小米的例子相信可以给很多企业带来不小的启示。的确，明确企业能提供什么样的产品和服务去满足何种消费者的需求，以及如何将产品质量以及用户体验做到极致，这些产品策略问题才是企业要解决的首要问题。产品价值的实现是企业获利的基础，也是企业战略目标的根本。因此，产品决策的好坏，会直接影响到营销战略的实施。细节决定成败，注重产品决策的每一环节，营销战略的实施才能如鱼得水。